Det blåøyde riket

Nina Witoszek og Eva Joly

Det blåøyde riket
Norske tillitspatologier

CAPPELEN DAMM

© CAPPELEN DAMM AS, Oslo, 2023
ISBN 978-82-02-79138-4

1. utgave, 5. opplag 2023

Materialet i denne publikasjonen er omfattet av åndsverklovens bestemmelser. Uten særskilt avtale med Cappelen Damm AS er enhver eksemplarfremstilling og tilgjengeliggjøring bare tillatt i den utstrekning det er hjemlet i lov eller tillatt gjennom avtale med Kopinor, interesseorgan for rettighetshavere til åndsverk.

Forfatterne har mottatt støtte fra
Det faglitterære fond og Stiftelsen Fritt Ord.

Omslagsdesign: Kristin Berg Johnsen
Sats: Bøk Oslo AS
Trykk og innbinding: CPI books GmbH

www.cda.no
akademisk@cappelendamm.no

Innhold

Takk 7

Kapittel 1
Tillitssamfunnet på tiltalebenken 9
Tillit og tulpaene 17
Samfunnskritikkens fallgruver 20
Tilliten til den superrasjonelle staten 24
Tillitsrepublikkens utfordringer 29
Trenger Norge en tillitsreform? 33

Kapittel 2
Oljefondet og Peer Gynt-syndromet 39
Nicolai Tangens metamorfose 45
Portrett av finanshaien som poet 53
Tangenisme 58
Oljefondet og den norske sjelen 60

Kapittel 3
Equinors vekst og fall – og vekst 65
Narrativ 1: fra elendighet til utopi 69
Narrativ 2 og 3: fortellinger om miljøbanditter og finanscowboyer .. 72
Narrativ 4: Helge Lund som legemliggjøring av en uangripelig tillit .. 79
Den norske stat som Pontius Pilatus 84
Ettertanke: Ikke se nå 89

INNHOLD

Kapittel 4
Askeladdens nederlag: et nytt blikk på Transocean-skandalen .. 95
De ubesvarte spørsmålene 100
Skatt, jus og markedet 104
Det magiske Pengeland 110
Karakterene i Transocean-dramaet 114
Veien fremover 117

Kapittel 5
Norsk fredsmisjon etter Terje Rød-Larsens evangelium 125
Tillit, mistro og *mission impossible* 133
Nasjonale myter og en «konstruktiv tvetydighet» 137
Velsignet er fredsmeglerne, for de skal arve apokalypsen 142
«Deres territorium? Men ser du ikke hvor vakker fjorden er?» 150
Fredsaktivisten som thymotisk bedrager 152

Kapittel 6
Russland som den gode nabo: kunsten å misforstå tyranni 159
Å kjenne Russland 163
Beredskap på norsk: Har vi tillit til Putin? 170
Har vi tillit til de intellektuelle? 179

Epilog 189

Litteratur 203

Stikkord 223

Takk

Bokens forfattere takker Faglitterær Forfatterforening (NFFO) og Stiftelsen Fritt Ord for deres sjenerøse finansielle støtte. Vi skylder en stor takk til vår geniale samarbeidspartner, Bjarte Brandal, som har beriket boken med sin kunnskap og ur-norske, sunne fornuft. Vi takker også våre øvrige, innsiktsfulle lesere: Øyvind Andresen (se Andresens blogg), Erik Henningsen, Atle Midttun, Ingvill Christina Goveia og Hilde Henriksen Waage, som har gitt oss konstruktive kommentarer og forhindret mulige tabber. Vi har også satt pris på Knut Vegard Bergem og Natasja Helena Marie Harungs kloke veiledning i skriveprosessen, og på Cappelen Damms modige beslutning om å publisere boken.

Oslo og Paris, 20. april 2023
Nina Witoszek og Eva Joly

Kapittel 1

Tillitssamfunnet på tiltalebenken

Denne boken handler om verdens tre største afrodisiaka: penger, makt og anerkjennelse. Historiske kilder, kosmologier og folklore antyder at menneskeheten i årtusener er blitt trollbundet av mytene om grenseløs rikdom, overflod og makt. Den dydige, asketiske historien om å leve lavt i næringskjeden har hatt mye mindre appell.

Det moderne norske demokratiet synes å ha fått alt: Rikdom, lykke og et internasjonalt omdømme som er forankret i en strålende freds- og naturmytologi. Norge er også et land som skryter av å ha et av de høyeste nivåer av tillit i verden.[1] I denne boken ser vi på nytt på forbindelsen mellom tillit, lykke, makt og rikdom i det norske kongeriket. Fungerer de som sammenkoblede kar? Forsterker eller svekker de hverandre? Er den mytiske norske tilliten – mellom borgere og til staten – alltid en velsignelse? Eller har rikdommen og samfunnstilliten avsporet norske demokratiske institusjoner på subtile måter som er fornemmet, men vanskelige å sette ord på?

---

1 https://wordlpopulationreview.com/country-rankings/trust-in-government-by-country

KAPITTEL 1

Norge har alltid vært en blanding av et folkemuseum og et samfunnslaboratorium, for å parafrasere Hans Magnus Enzensberger.[2] Mot slutten av det 20. århundre ble landet mer et laboratorium enn et museum; en legemliggjøring av den store drømmen om et trygt og lykkelig samfunn hvis borgere har tillit til hverandre og til sine myndigheter. Ledestjerner i akademia – fra Niklas Luhmann til Francis Fukuyama – har kastet seg over studier av tillit, og konstatert at uten å stole på hverandre ville ikke mennesker kunne komme seg ut av sengen om morgenen for å kjempe om rikdom og makt.[3] Tillit, påstås det, er ikke bare en forutsetning for vellykkede og velfungerende demokratier, men en betingelse for *lykkelige* samfunn.

Men hva er egentlig tillit? La oss parafrasere Francis Fukuyamas definisjon: Tillit er forventningene som oppstår i et samfunn om at medlemmenes oppførsel skal være normal, ærlig og samarbeidende, basert på felles normer.[4] De mest velfungerende samfunnene trenger ikke uttømmende kontrakter og spissfindige juridiske reguleringer: De er tuftet på en innforstått moralsk konsensus som gir medlemmene i gruppen grunnlag for gjensidig tillit. Fukuyama snakker om både generell tillit mellom borgere og befolkningens tillit til samfunnsinstitusjoner og staten. Disse to formene for tillit spiller ikke nødvendigvis i samme orkester: Det er nok å tenke på samfunn som Belarus, der den relative

---

2 Enzensberger, H. M. (1984). *Norsk utakt*. Universitetsforlaget.
3 Bellini, P. P. (2016). «Weber and Luhmann: Connecting Threads between Work Faith and Systemic Trust». *Global Institute for Research and Education*: 1; se også Fukuyama, F. (1996). *Trust: The Social Virtues and the Creation of Prosperity*. Free Press. https://www.walshmedicalmedia.com/open-access/weber-and-luhmann-connecting-threads-between-work-faith-and-systemic-trust.pdf
4 Fukuyama (1996)

tilliten mellom de fleste prodemokratiske borgere sameksisterer med en fraværende tillit til den autoritære staten. Eller Italia, der man sier at regjeringer er som undertøy – de bør skiftes like ofte.

Forholdet mellom velstand, makt og tillit i moderne demokratier har ført til en fornyet fascinasjon for skandinaviske land, som ikke bare topper statistikker når det gjelder nivåer av tillit mellom borgere og staten, men som også er nasjoner som bader i lykke og velvære.[5] Noen forskere går så langt som å hevde at det ikke er naturressurser, som olje eller jernmalm, som er Norges eller Sveriges sanne rikdom – det er tilliten til naboene, institusjonene og de politiske lederne.[6] Empiriske studier viser at en mellommenneskelig, allmenn tillit forklarer hvorfor nordiske borgere – med alt sitt kjølige, sunne bondevett – innerst inne er idealister med verdens høyeste grad av frivillighet.[7] I tillegg er de nordiske landene blant de «reneste» i verden ut fra tilgjengelige målestokker for korrupsjon og forvaltning.[8]

Mot dette bakteppet får man inntrykk av at tillit er noe man aldri får nok av: jo mer, desto bedre – eller?

---

5   Se https://worldpopulationreview.com/country-rankings happiest-countries-in-the-world
6   F.eks. Skirbekk, H. & Grimen, H. (Red.). (2012). *Tillit i Norge.* Res Publica; se også Holmberg, S. & Rothstein, B. (2020). *Social Trust – the Nordic Gold?* (Working paper series 2020: 1). The Quality of Government Institute. https://www.gu.se/sites/default/files/2020-05/2020_1_Holmberg_Rothstein.pdf
7   Sammen med USA og New Zealand, topper Norge de fleste frivillighetsstatistikker. Se Volunteer FDIP. (2023, 1. januar). «Countries with Highest Numbers of Volunteers: USA, Canada, Australia, UK, France, and Many More». *Volunteerfdip.org.* Se også Countries Compared by Lifestyle . International Statistics at NationMaster.com
8   Rothstein B. & Holmberg, S. (2019). *Correlates of Corruption* (Working paper series 2019: 9). https://www.gu.se/sites/default/files/2020-05/2019_9_Holmberg_Rothstein.pdf

KAPITTEL 1

Denne boken viser hvordan det norske samfunnets ubegrensede tillit til statens kompetanse og dens effektivitet og likebehandling ikke alltid er så dydig og positiv som man tror. Tvert imot kan den være like farlig for demokratiet som komplett mangel på tillit. I våre seks kapitler spør vi hva som skjer med makt og velstand i et land der tillit er blitt en viktig del av det nasjonale selvbildet. Finnes det en grense for hvor mye tillit som er hensiktsmessig – eller sunn? Kan man, om grensen blir overskredet, ende med at tilliten slår tilbake? Kan for mye tillit blinde oss for politikernes tvetydige intensjoner, statens avmakt i møte med multinasjonale selskaper eller sikkerhetsforsømmelser overfor autoritære lederes imperialistiske ambisjoner? Kort sagt: Kan overtillit til statlige institusjoner bli like problematisk som mistillit? Under hvilke forhold kan overtillit faktisk skape, eller være med på å skape, uønsket økonomisk praksis, maktmisbruk, inkompetanse eller *bullshit management* eller til og med utgjøre nasjonale sikkerhetstrusler?

La oss ta et par prosaiske eksempler på den norske overtillitens fatale kraft:

Det første eksemplet dreier seg om avsløringene i 2021 og 2022 av norske stortingspolitikeres skjødesløse bruk av et system der skattebetalernes penger har finansiert boliger for politikere som ikke kunne dagpendle til Løvebakken. Ut fra presseomtaler av skandalen – som viste seg å omfatte stadig flere stortingspolitikere – lå hovedproblemet i et ganske så sympatisk trekk: Stortingets og norske borgeres ubegrensede tillit til de folkevalgte. I et forsøk på å forklare hvorfor politikere fikk gratis bolig på feil grunnlag, hvorfor skatt ikke var betalt, og hvorfor pengebruken ikke var kontrollert, var stortingstoppenes store unnskyldning at «systemet var tillitsbasert».[9] Og fordi det var tillitsbasert, behøvde man ingen kontroll, som ville vært anstrengende og ressurskrevende; det var bedre å la det være og ha det koselig. Uansett: Etter en omfattende oppvask i Stortinget erklærte Europarådets antikorrupsjonsorgan GRECO i midten av januar 2022 at Norge er «back in business» som rollemodell for andre land.[10]

Det andre frapperende – og dypt tragiske – eksemplet på den kronglete tillitsdynamikken finner vi i den norske responsen på Anders Behring Breiviks terroraksjon 22. juli 2011. Noen uker etter terroren ble den såkalte Gjørv-kommisjonen satt ned. Ett år senere ble norsk terrorberedskap nådeløst slaktet, fra topp til bunn. Kommisjonen konkluderte blant annet med at angrepet på regjeringskvartalet kunne ha vært forhindret «gjennom effektiv iverksettelse av allerede vedtatte sikringstiltak»; at «myndighetenes evne til å beskytte menneskene på Utøya sviktet»; at en raskere politiaksjon «var reelt mulig»; og at «gjerningsmannen kunne ha vært stanset tidligere».[11] Oversatt til konkrete, groteske og tragiske bilder: Man hadde bare ett helikopter, hvis pilot var på

---

9   Se f.eks. Nesemo, I. (*Aftenposten* 12. august 2022). Andreassen, M.W. : – Da jeg tok denne jobben, tenkte jeg: «Hva i all verden kommer til å treffe meg?» *Aftenposten.no*; Se også Wollebæk, D. (18. november 2021). «Stortinget ber om hjelp fra politikerne til å rydde opp i reiseregningskaos». *Aftenposten.no*

10 «GRECO gir i sin endelige rapport ros til Norge for at man har oppfylt alle anbefalingene. Norge fremheves i rapporten som en rollemodell», skriver Andreassen». Se Ekroll, E.C. Torset, N.S., Venli, V., Gausen, S. (2022. 16. januar). «Europarådets korrupsjonsgranskere advarte om manglende kontroll av Norges øverste politikere i årevis». *Aftenposten.no*; se også Greco. (2023). «Greco sin femte evalueringsrapport om Norge (Rapport)». *Justis- og beredskapsdepartementet.*

11 NOU 2012: 14. (2012). «Rapport fra 22. juli-kommisjonen» (s. 449). *Regjeringen.no.* https://www.regjeringen.no/contentassets/bb3dc76229c64735b4f6eb4dbfcdbfe8/no/pdfs/nou201220120014000dddpdfs.pdf

ferie.¹² Redningsbåten som skulle frakte politiet over Tyrifjorden til Utøya, var punktert. Mens tungt væpnet politi desperat pumpet luft i båten, klarte terroristen å skyte flere titalls ungdommer.

Mye av dette ytterst pinlige dramaet var tidlig åpenbart for observatører utenfra, som i dagene og ukene etter massakren ventet på at hodene skulle rulle. Men så skjedde det surrealistiske: I stedet for å miste folkets tillit ble statsminister Jens Stoltenberg symbolet på en fredelig, heroisk og rosekledd sorg. Han hadde rett nok funnet de riktige, tillitsskapende ordene bare noen timer etter massakren: «Ingen skal få bombe oss til taushet, ingen skal få skyte oss til taushet, ingen skal få skremme oss fra å være Norge.»¹³ To dager senere talte han i Oslo domkirke og sa blant annet: «Vårt svar er mer demokrati, mer åpenhet og mer humanitet. Men aldri naivitet» [sic].¹⁴ Vakre ord til side – og uansett hva man måtte mene om Jens Stoltenberg: 22. juli var ikke bare en nasjonal katastrofe av ufattelige dimensjoner; hendelsen var også et fatalt eksempel på institusjonalisert inkompetanse. Hvorfor var

---

12   Det minner oss på en lignende dramatisk situasjon: Da den norske obersten Hagerup Haukland fikk vite at serberne mobiliserte til å slakte bosniske fanger i Srebrenica, svarte han at han ikke kunne gjøre noe fordi han var i Norge på ferie. «Ferie über alles». Se Arnseth, A. (2005, 29.juli). «Norsk oberst får kritikk etter folkemord». *Verdens Gang*; se den nederlandske rapporten: NIOD Institute for War, Holocaust and Genocide Studies. (2002). «Srebrenica: Reconstruction, background, consequences and analyses of the fall of a 'safe' area (Rapport)». *Niod.nl*.

13   Johnsen, A. B. & Rangøy, N. (u.d.). 22. juli-profilene. Jens Stoltenberg: «Tok ordene fra 22. juli med til NATO-jobben». *Vg.no*. https://www.vg.no/spesial/at/publish/generic-22-juli-profilene/story/jens-stoltenberg/9/; . For å være presis var det ikke Stoltenberg som stod bak ordene, men hans taleskriver Hans Kristian Amundsen, som døde i 2018.

14   Vox Publica (2012). «Vårt svar er mer demokrati, mer åpenhet og mer humanitet. Men aldri naivitet». Tale ved statsminister Jens Stoltenberg i Oslo domkirke 24. juli 2011. *Vox Publica*. https://voxpublica.no/2011/07/vart-svar-er-mer-demokrati-mer-apenhet-og-mer-humanitet-men-aldri-naivitet/

det så få som reagerte da Jens Stoltenberg sa til media at «[j]eg tar ansvar ved å bli sittende»?[15]

Det kanskje mest oppsiktsvekkende ved den overdrevne tilliten i Norge er at så lite ser ut til å få faktiske konsekvenser. Listen over norske politikere, næringslivsledere, intellektuelle og journalister som etter en kort hvilepause har gått fra skandaler til nye jobber, gjerne bedre betalt og med mer status, er tilnærmet endeløs. Tilliten til politiet gikk rett nok ned etter terroren i 2011, men i 2020-årene er den igjen høy,[16] til tross for dramatiske og pinlige avsløringer om svikt og mangel på beredskap og kroniske problemer ved politireformene. I våre øyne er det smått utrolig at det var bare to profilerte personer – i hele regjeringen, politiet, departementene og Politiets sikkerhetstjeneste (PST) – som mistet jobben etter terroren 22. juli. Den ene av disse var daværende justisminister Knut Storberget, som gikk av frivillig. Han beklaget feil og forsømmelser og gikk tilbake til Stortinget som vanlig representant og medlem av finanskomiteen og senere av næringskomiteen. I 2020 ble han statsforvalter i det nye fylket Innlandet. Den andre var politidirektør Øystein Mæland, som ikke hadde planer om å trekke seg før han fikk sparken på

---

15 Stortinget. (2013). Møte tirsdag den 5. mars 2013 kl. 10. Referat. *Stortinget.no*. https://www.stortinget.no/no/Saker-og-publikasjoner/Publikasjoner/Referater/Stortinget/2012-2013/130305/

16 Sammenlign innbyggerundersøkelsene på politiet.no: *Politiets innbyggerundersøkelse 2012*; *Politiets innbyggerundersøkelse 2015*; *Politiets innbyggerundersøkelse 2020*; Utøya lå under Nordre Buskerud politidistrikt. Der sank tilliten til politiet fra 91 prosent i 2010 til 76 prosent i 2012. I 2015, før politidistriktet ble lagt inn under det nye Sør-Øst politidistrikt, hadde innbyggerne der igjen høyere tillit til politiet enn landsgjennomsnittet. I 2020 hadde 82 prosent av nordmenn ganske stor eller svært stor tillit til politiet.

direktesendt TV.[17] Et par år senere ble han nestkommanderende i Helsedirektoratet, og siden 2014 har han vært direktør ved Akershus universitetssykehus.

Det er selvsagt lov å feile – det kan også dyktige og hederlige mennesker gjøre. Poenget er ikke at ledere burde straffes hardere eller bli utestengt fra offentlige verv. Spørsmålet vårt er mer grunnleggende: Har den norske tilliten til staten, statlige institusjoner og lederskap blitt en automatisert sosial respons – ja, en nesten psykologisk Pavlov-refleks? I hvilken grad dekker den over en urovekkende passivitet – og til og med intellektuell latskap – hos norske politikere og borgere? Kan overtillit føre til en farlig, lite tilpasningsdyktig og irrasjonell optimisme; en naiv, blåøyd tro på at man lever i den beste av alle mulige verdener der ingenting kan gå galt, og at hvis det går galt, har det en «naturlig» årsak, slik at ingen egentlig kan bli stilt til ansvar?

Mary Douglas, en antropolog som har skrevet om «risiko og skyld» (*risk and blame*), urenhet og tabu,[18] er kanskje en god veiviser i vår forståelse av det moderne Norge: Tilliten til myndigheter og troen på at ingenting kan gå galt i verdens beste land er så sterk at når vi konfronteres med eksempler på at ting faktisk går galt, blir de gjort til anomalier.

---

17 *Vg.no* (2013, 26. mai). Forsker: – «Mæland måtte gå fordi han valgte feil side». https://www.vg.no/nyheter/innenriks/i/OvvWE/forsker-maeland-maatte-gaa-fordi-han-valgte-feil-side

18 Vi takker Erik Henningsen for den observasjonen; se Douglas, M. (2002). *Purity and Danger: An Analysis of Concepts of Pollution and Taboo*. Routledge.

Tillit og tulpaene

En studie av forholdet mellom makt, tillit og politikk dreier seg ikke bare om en rasjonell, systematisk analyse. Den innebærer utforsking av en del inngrodde, ofte irrasjonelle holdninger som har stivnet til stereotypier. Å avsløre stereotypier er blitt en intellektuell mote, men slike generaliserte og rotfestede forestillinger bryr seg da heller ikke om hvorvidt de blir avdekket og blottstilt av akademikere eller forfattere; de lever videre, uavhengig av om de er misforstått eller feilaktige. De er som eldgamle, tibetanske *tulpaer*, vesener som er manet frem av menneskets innbilning, men som får sitt eget liv, uavhengig av og parallelt med vertens bevissthet. De kan puste liv i eldgammelt hat og vekke skjulte lidenskaper. De gir makt til mytologier som mennesker ønsker å leve opp til. Ingen fortelling om Norge – eller om *noe* land, samme hvor nøytral og upartisk den er – kan frigjøre seg fra suget fra tulpaene.

I skriveprosessen har vi forsøkt å distansere oss fra våre tre hjemland, Polen, Frankrike og Norge, og stenge våre nasjonale tulpaer ute – forgjeves. En slags mental, eterisk synonymordbok – en «Thesaurus Superbus» – har hele tiden vært i spill og har konstant invadert og vandalisert våre oppfatninger med tulpisk kraft. Norge er: samfunnsbevisst, samarbeidsvillig, demokratisk, egalitært, troskyldig, progressivt, fredelig, rasjonelt, spartansk, naturelskende, koselig, selvsikkert, kaldt, tillitsfullt, kjedelig. Polen er: lidende, undertrykt, sekterisk, grettent, opprørsk, usikkert, katolsk-patriarkalsk, paranoid. Frankrike er: listig, upålitelig, betagende, pretensiøst, utro, hovmodig, svikefullt, lidenskapelig, uærbødig, snobbete.

Det er lett å avvise slike ville generaliseringer. Samtidig, om vi rasjonelt skulle sammenligne de tre landene ut fra deres demokratiske fundament, som tillit i samfunnet, graden av korrupsjon og livskvalitet, ville vi se hvordan stereotypiene antyder, om ikke forutsier, resultatet. Ifølge World OECD-rangeringen (2021) og World Population Review (2023) ligger bare Sveits over Norge på internasjonale tillitsstatistikker: 82,9 prosent av norske innbyggere oppgir at de har høy tillit til statlige institusjoner. Frankrike ligger i nedre halvdel med 41 prosent, mens Polen befinner seg nesten helt på bunnen: Bare 27,3 prosent av polakkene har tillit til staten og dens institusjoner.[19] Det samme gjelder korrupsjon: I 2021 ble Norge rangert som et av de fire minst korrupte – og et av de mest «gjennomsiktige» – landene i verden. Frankrike lå på 22. plass, mens Polen lå på 42. plass og var på vei nedover på listen.[20]

Det finnes åpenbare historiske og sosiopolitiske forklaringer bak disse tallene, som klasse og politiske strukturer, distinkte fortider og unike kulturelle tradisjoner. Det postkommunistiske Polen har, sammen med mange tidligere koloniserte og traumatiserte land i Afrika og Asia, en dyp mistro til politikk og politikere, som blir sett på som enten fremmede, mektige tyranner eller groteske marionetter, korrupte og råtne helt inn til kjernen. Så sent som i 2022 ble den polske staten opplevd som en «uhyrlig vampyr som suger blod og energi fra borgere og har som eneste mål å beholde makten og mate det blodtørstige hoffet».[21]

Franskmennene med sin arv etter «solkonger» ser på sin side ut til å ha vennet seg til å tenke på toppolitikere som pretensiøse romvesener eller prektige erkeengler som er overbevist om at de

---

19 «Trust in Government by Country 2023», *worldpopulationreview.com*, OECD. Det eneste landet som havner under Polen, er Chile med 17,1 prosent.
20 Transparency International. (2021). «Corruption Perceptions Index 2021». *Transparency.org*.
21 Sitat fra konferansen «Standing up to Autocracy», *Universitetet i Oslo*, 16. juni 2022; se Standing up to autocracy, vår oversettelse.

er fullstendig immune mot verdslige problemer eller juridiske trivialiteter.[22] Det går sjelden en uke uten at en politisk skikkelse fra den femte republikk står med korrupsjonsanklager til over knærne. Franskmennene er kjent for å trekke på skuldrene av politikernes utenomekteskapelige eskapader, og det er heller ikke særlig mange som hever på øyenbrynene om en minister eller president blir stilt for retten for en suspekt økonomisk affære.[23] Tidligere president Nicolas Sarkozy ble i 2021 dømt til fengsel i to ulike saker og siktet for å ha brukt «vennlig hjelp» fra den tidligere libyske diktatoren Muammar al-Gaddafi til å finansiere sin presidentkampanje i 2007.[24] Det påfallende er hvor raskt støvet legger seg i Frankrike, til tross for at politi og rettsvesen finner klare bevis på skyld, fordi de siktede nyter beskyttelse fra for eksempel mektige aktører i media, våpenindustri, etc. [25]

---

22   Ta for eksempel den tidligere presidentkandidaten François Fillon, som i 2020 ble dømt til fem års fengsel (le Monde 29 juni 2020). Han anket og ble dømt i 2022 til 4 år (le Monde 9 mai 2022) blant annet for å ha gitt familiemedlemmer saftige statelige lønninger for ikke-eksisterende jobber.
23   Det en parade av korrupsjonssaker i fransk politisk liv som spenner fra den tidligere presidenten Jacques Chiracs «wheelings og dealings» til korrupsjonsskandaler som involverer dusinvis av tidligere ministre (som Jérôme Cahuzac, François Fillon, Claude Guéant, François Gerard Marie Léotard eller Éric Dupond-Moretti).
24   I mars 2021 ble Sarkozy anklaget for korrupsjon og «innflytelseshandel» og dømt til tre års fengsel, hvorav to var betinget. 30. september 2021 ble han igjen dømt til ett års fengsel for ulovlig finansiering av valgkampen i 2012. Han har anket dommen i begge saker. Som om disse sakene ikke var nok, dreier en annen sak mot Sarkozy seg om en konsulentkontrakt pålydende 3 millioner euro med et russisk forsikringsselskap kontrollert av to oligarker som har vært glad i skatteparadiser; se Lichfield, J. (2021, 20. mai). «How corrupt is French politics?» *Politico*. Se også Philippin, Y. & Rouget, A. (2021, 15. januar). «Les millions russes de Nicolas Sarkozy». *Mediapart*. https://www.mediapart.fr/journal/france/150121/les-millions-russes-de-nicolas-sarkozy?page_article=1
25   F.eks. Vincent Bolloré, Bernard Arnault, Arnaud Lagardère eller Martin Bouygues.

Mot dette bakteppet arter Norges politiske dramaer seg som jomfruelige eller trivielle. Riktignok har Norge vært anklaget for lukrativ våpeneksport, forretningsforbindelser med skatteparadiser og investeringer i autokratiske stater som Aserbajdsjan og Iran gjennom oljefondet, på toppen av mislykkede militæroperasjoner i Libya og Afghanistan. Alle disse sakene er godt dokumentert i kritisk presse og i utallige publikasjoner, men bare unntaksvis provoserer slike synder frem moralske spasmer i den offentlige debatten. I en verden styrt av diktatorer, kleptokrater og gangstere fremstår Norge som et moralsk unntak: som en fossil økonomi med aspirasjoner om å sette det mest etiske fotsporet i verden. Om vi bare skulle avgjøre vinneren av en demokratikonkurranse mellom «norsk idyll»[26], «polsk riksdag» og fransk politikk som «skandalens skole», er det likevel ikke tvil om utfallet. Verden lengter etter idyllen, slik ungpiker drømmer om at prinsen en dag vil komme.

Samfunnskritikkens fallgruver

Alle land og folk har sine provoserende trekk, men nordmenn er mer provoserende enn de fleste, fordi de er så hersens fromme. Med sitt selvbilde som en nasjon av fredsmeglere, menneskerettighetsforkjempere og filantroper vekker Norge et drapsinstinkt hos gravejournalister og dekonstruerende forskere. Dagens ikonoklaster har tilgang til en mengde kilder og en hang til å bruke krysshenvisninger og er særdeles godt rustet til

---

26 Sejersted, F. (2003). *Norsk idyll?* Pax.

å avsløre altruisme og samarbeidsånd som skalkeskjul for dulgte agendaer og egoistiske motiver.

Dermed har det etter hvert kommet en strøm av knusende kritikker som har avkledd nordmenn som selvbedragerske, «kosmopolitiske narsissister» med et bistandssystem som gir uttrykk for et «humanitært-politisk kompleks»,[27] eller Norge som et samfunn styrt av hyklerske, kalkulerende reklamefolk som behersker kunsten å bygge en merkevare, og som skaper et internasjonalt salgbart og forførende bilde av nasjonal identitet, ideologi og politikk.[28] I litt mer barmhjertige analyser fremstår Norge som et kollektiv av enfoldige drømmere som er blitt bedratt av kyniske politikere, næringslivsledere og «historiekonsulenter» som spesialiserer seg på «strategisk produksjon og styring av uvitenhet».[29]

Men her må vi puste med magen. For det første er kreative fremstillinger av nasjonale synder og hykleri ikke særlig originale. Tvert imot går de inn i en lang og stolt motstrøm i norsk åndsliv. Henrik Ibsen beskrev et sted der «alle våre åndelige livskilder er forgiftet, og [...] hele vårt borgersamfunn hviler på løgnens pestsvangre grunn».[30] Jens Bjørneboe snakket om landet sitt som et «skammens museum», og Georg Johannesen insisterte på at «det er pinlig å være norsk».[31]

---

27 Tvedt, T. (2018). *Norske tenkemåter: tekster 2002–2016*. Aschehoug: 10.
28 de Bengy Puyvallée, A. & Bjørkdahl, K. (Red.) (2021). *Do-Gooders at the End of Aid: Scandinavian Humanitarianism in the Twenty-First Century*. Cambridge University Press.
29 Bjørkdahl, K. «The *Noble* Savage: Norwegian Do-Goodery as Tragedy». I de Bengy Puyvallée, A. & K. Bjørkdal, *Do-Gooders at the End of Aid: Scandinavian Humanitarianism in the Twenty-First Century*. Cambridge University Press: 61.
30 Ibsen, H. (1974). *En folkefiende*. Gyldendal: 67.
31 Skagen, K. (2018). *Norge, vårt Norge*. Dreyer: 339–340.

For det andre er det, fra vårt teleskopperspektiv, uansett problematisk å gå til frontalangrep på «det gode samfunnet» som et produkt av norsk hykleri. Det finnes knapt et samfunn som *ikke* er hyklersk som et «forestilt fellesskap»; en grad av hykleri er rett og slett tvingende nødvendig om en nasjonalstat skal henge sammen. Som den franske filosofen François de La Rochefoucauld sa det: «Hykleri er lastens hyllest til dyden.»[32] Men hykleri er ikke bare en del av spillets regler; det har også en konstruktiv side.

Ta for eksempel et av de mest «vellykkede» hykleriene i den vestlige verden: Menns tilsynelatende eksplisitte støtte til kvinnefrigjøringen har ofte skjult – og skjuler – en underliggende tro på at hunkjønnet er svakere og mindre intelligent enn hankjønnet. Men etter hvert har en «nevrolingvistisk programmering», innskrevet i bildet av kvinner som likeverdige, begynt å provosere frem en reell endring i menns tenkemåter og handlinger. Dette er en klassisk Pygmalion-effekt: Ordet blir til kjøtt.

Videre er det grunn til å tro at de «hyklerske» selvbildene også er drevet av en underliggende, pragmatisk filosofi som kan formuleres omtrent slik: Som en liten nasjon med lite innflytelse på internasjonal geopolitikk er vennlighet vår overlevelsesstrategi. Ikke bare gjør den at andre er snille mot oss; den sprer *memer* (offentlige bilder, fortellinger eller adferdsmønstre) av norsk vennlighet og anstendighet, og øker dermed sjansen for at verden blir et bedre sted for *oss*.

---

32   Duc De La Rochefoucauld, F. & De Marsillac, P. (1871). *Reflections; or, Sentences and Moral Maxims* (J. W. Willis Bund & J. H. Friswell, overs.). Simpson Low, & Marston: 27. https://www.gutenberg.org/files/9105/9105-h/9105-h.htm

Det nasjonale selvbildet har heller ikke oppstått ut av intet. Det å være en uselvisk og ansvarlig samfunnsborger er del av en gammel, etisk åre i norsk kultur. Den går tilbake til Henrik Wergeland og dukker opp i folkekjære, ikoniske barnefortellinger som Kardemomme by. Den er påfallende i narrativ og ideer hos grunnlovsfedrene og humanitære forkjempere som Bjørnstjerne Bjørnson og Fridtjof Nansen. Den finnes igjen hos idealistiske, religiøse ledere som Hans Nielsen Hauge og hos samfunnsbevisste politiske strateger som Herman Wedel Jarlsberg, Johan Castberg og Einar Gerhardsen.[33]

For å oppsummere: Ethvert forsøk på å skrive en *balansert* samfunnskritisk bok er et utopisk prosjekt. Men fra vårt kombinerte polske og franske perspektiv kan de utallige historiene om Norge som en utpost for humanistiske (eller humanitære) verdier ikke bare reduseres til en rekke innslag i moderne *branding*. For oss beror skjønnheten i den norske modellen på forfedrenes robuste humanisme[34] og en unik balanse mellom personlig frihet og eksistensiell sikkerhet – garantert av velferdsstaten, forsterket av historisk flaks og sementert av intelligent forvaltning av naturressurser. Det var her den norske tillitsrepublikken ble unnfanget – som et barn av et lykksalig kjærlighetsforhold mellom den «gode norske staten» og det norske folket, og som en frukt av innflytelsesrike fortellinger om personlig selvrealisering i en verden uten alvorlige eksistensielle restriksjoner.

---

33 Slagstad, R. (1998). *De nasjonale strateger*. Pax; Sejersted, F. (2005). *Sosialdemokratiets tidsalder*. Pax; Witoszek, N. (2011). *The origins of the «Regime of goodness»: Remapping of the cultural history of Norway*. Universitetsforlaget.

34 Witoszek, N. & Sørensen, Ø. (2018). «Nordic humanism as a driver of the welfare society». I N. Witoszek & A. Midttun (Red.), *Sustainable Modernity: the Nordic Model and Beyond*. Routledge, 36–58.

KAPITTEL 1

Tilliten til den superrasjonelle staten

En slik idealisert fremstilling av den norske modellen er ikke *helt* feil, men den er selvfølgelig langt ifra fullstendig. Den generelle, skandinaviske tilliten til staten kombinert med humanistiske ambisjoner er det liberale demokratiets toppunkt – men den har også mørke sider. La oss illustrere:

I den svensk-norske filmsuksessen *Salmer fra kjøkkenet* (2003), satt i 1950-årene, installerer feltobservatøren Folke fra Hemmens forskningsinstitut i Stockholm seg på kjøkkenet til den norske ungkaren Isak. Forskerne har klart å skape det perfekte, rasjonelle kjøkkenet for svenske husmødre gjennom grundig kartlegging av deres adferdsmønster, og nå skal norske ungkarer konverteres til en opplyst og kostnadseffektiv livsstil. Den svenske observatøren noterer samvittighetsfullt ungkarens ødsling og irrasjonelle oppførsel – men ikke lenge: Gradvis mister Folke kontroll over oppdraget og innleder et vennskap med Isak, i et bedrukkent og varmt brorskap som setter all rasjonell planlegging til side.

På overflaten er *Salmer fra kjøkkenet* en underfundig kommentar om meningsløse skandinaviske forsøk på å manipulere folkets oppførsel for å skape høyeffektive overmennesker i hyperrasjonelle hjem. Men filmen handler om mer enn dystopiske forsøk på å styre familieliv ut fra pseudovitenskapelige tvangstanker. Implisitt peker den på en ubegrenset sosial tillit til statlige institusjoner, også når de trenger seg inn i hver minste detalj i borgernes hverdagsliv.

Turer over grensen til broderlandet og tilbake kan være lærerike. Lars Trägårdh hevder at den skandinaviske tilliten til mektige, statlige institusjoner ikke har begrenset en sterk, individualistisk åre i den skandinaviske tenkemåten. Tvert imot, sier han, har Norge og Sverige avfødt en paradoksal «statsindividualisme» som er en logisk følge av lutherske verdier og praksiser:[35] En husvarm stat og «statliggjorte» innbyggere har inngått en ny type sosial kontrakt, der staten sørger for frigjøring og likhet. I evolusjonære termer har denne kontrakten frigjort individet fra biologiske faktorer som blodsbånd, alder og kjønn og gitt oss maksimal individuell frigjøring – fra tradisjonelle, hierarkiske og patriarkalske relasjoner og undertrykkende familiestrukturer. Ifølge Trägårdh har ikke det tette samspillet mellom staten, familien, sivilsamfunnet og individet gått på bekostning av demokratiske verdier; tvert imot er det selve grunnlaget for høy sosial tillit.

I sin analyse av Sveriges «mørke sjel»[36] har Kajsa Norman en helt annen tolkning. Hun skriver om det hun kaller en svensk «unimind», en slags kollektiv bevissthet som gjør at man er konfliktsky og har en sterk konsensuskultur og sosial homogenitet.[37] Dette er resultatet når statens interesser er i perfekt harmoni med individuelle aspirasjoner. Harmonien er like spennende som den er klaustrofobisk: Man begynner med å adlyde sofistikerte versjoner av janteloven og med å lete etter avvikere - og ender opp med å tenke det samme som alle andre, og med å skape stadig nye former for sosial kontroll. Det sistnevnte er ikke vanskelig i en tid med sosiale medier og «overvåkingskapitalisme».

---

35   Trägårdh, L. (2013). «The Historical Incubators of Trust in Sweden: From the Rule of Blood to the Rule of Law». I M. Reuter, F. Wijkström & B. K. Uggla (Red.), *Trust and Organizations: Confidence across Borders*. Palgrave Macmillan: 198–200.
36   Norman, K. (2018). *Sweden's Dark Soul: The Unravelling of a Utopia*. Hurst.
37   Sörbring, K. (2019). Kajsa Norman: «Vissa svenska värderingar är rätt extrema». *Expressen.se*. https://www.expressen.se/noje/kajsa-norman-vissa-svenska-varderingar-ar-ratt-extrema/

Mot dette bakteppet blir Pippi Langstrømpes vedvarende popularitet i *begge* land ekstra interessant. Pippi er en lykkelig jente som lever et fullverdig liv helt alene, uten påvirkning fra verken foreldre eller staten. Hun står for individets totale frigjøring fra eksistensielle restriksjoner og familiestrukturer. Som en fargerik, opprørsk dissident stoler hun på sin egen vurderingsevne. Hun representerer verken «statsindividualisme» eller en overveldende «unimind», men tvert imot et motkulturelt, skandinavisk alter ego.

Vi er selvsagt klar over at vi ikke uten videre kan bruke svenske analyser for å forklare Norge – til det er forskjellene for mange og for store. Sverige har for eksempel hatt en mektig adel og et klasseskille som er fjernt for et Norge som avskaffet adelen for over 200 år siden; svensker og nordmenn har ulike syn på innvandrere og innvandring – og ulik grad av innvandring; «svenskesynden» vitner om ulike syn på seksualmoral samtidig som de svenske feministene har vært mer militante enn de norske; den svenske diskursen er åpenbart mer «politisk korrekt» enn den norske; og ikke minst hadde Sverige før 22. juli en helt annen erfaring enn Norge med politisk motivert vold. Drapene på Olof Palme og Anna Lindh er fastlimt i den svenske nasjonalsjelen på en helt annen måte enn massakren på Utøya er i den norske. Kort sagt: Trägårdhs optimisme får oss til å forstå hvorfor manuset til *Salmer fra kjøkkenet* ikke ble forkastet som en skrullete idé, mens Normans «unimind» nesten minner mer om et religiøst moralpoliti fra forbudstiden, enn om noe man umiddelbart kan kjenne igjen i dagens Norge. Mot slutten av *Salmer fra kjøkkenet* er det dessuten svensken som vil slippe unna – tilbake til Norge. Trägårdhs og Normans sprikende analyser av Sverige er likevel interessante i en norsk kontekst: Den svenske påvirkningen på Norge har tross alt vært mye sterkere enn den som har gått den andre veien.

Den overdrevne tilliten til den rasjonelle, tilsynelatende omsorgsfulle staten har mange kilder. Noe av den handler om ren og skjær historisk flaks, som tillot nasjonsbyggerne å utføre demokratiske eksperimenter i relativ frihet fra voldelig etnisk eller religiøs konflikt. De relativt stabile og forutsigbare forutsetningene har bidratt til å skape et meningsfullt, moralsk fellesskap basert på vennskap, samarbeid, ærlighet og forholdsvis anstendig oppførsel. Sammenlignet med andre land var Norge på 1800-tallet preget av uvanlig lite korrupsjon og klientelisme.[38] Det som også var ekstraordinært – i alle fall sett fra et komparativt perspektiv – var den norske statens «dialogiske» natur; en evne til å innføre en systemendring etter at forskjellige samfunnsgrupper – bønder, arbeidere, kvinner eller minoriteter – hadde gått i kamp for sine rettigheter. Resultatet var at antagonistiske samfunnsgrupper etter hvert laget et motstandsdyktig økosystem som har hatt en felles tro på at staten er *for* dem, ikke *mot* dem i deres prosjekt om å bygge en bedre verden.

Innsiktsfulle ledere er en avgjørende kraft når man skal bygge tillit, og i perioden fra intens nasjonsbygging til moderne tid har Norge hatt kloke og oppfinnsomme politikere, som Johan Castberg, Wedel Jarlsberg, Anton Martin Schweigaard og Georg Sverdrup.[39] Skurkene – som Vidkun Quisling – er det få av; hederlige ledere har vært regelen. Verdien av anstendig leder-

---

38   Vi takker Erik Henningsen for fremheving av dette aspektet ved den norske statsbyggingen; se også Sejersted (2005); Slagstad (1998)
39   Se Slagstad (1998); Skirbekk & Grimen (2012)

skap kan ikke overdrives: Alle samfunn ser opp til sine ledere, og lite korrupsjon og sosial ro kommer fra toppen.

En annen kilde til overfloden av sosial tillit henger tett sammen med sosialdemokratiets vitenskapelig inspirerte grunnmurer. Fra 1950- til 1970-årene var tillit til en vennligsinnet stat knyttet til et prosjekt hvor man skulle «vitenskapeliggjøre» samfunnet[40] på alle områder – fra politikk (inkludert sosial planlegging og en omfattende kollektivisering) til kosthold, kleskoder og fritidssysler, alt for å forbedre innbyggernes effektivitet og livskvalitet. Fornuft sto over følelser. Alliansen mellom staten og forskerne ble sett på som nærmest ufeilbarlig, og rasjonalitet fikk en nesten religiøs status.[41] Prosessen styrket den sosiale optimismen, effektiviserte moderniseringen og førte til en grenseløs tro på fremskritt.

Men optimismen hadde også en bakside: Den skapte samfunnsborgere som var relativt ukritiske til både statens forordninger og de «vitenskapelige» praksisene – inkludert tvangssteriliseringen av «mindreverdige individer», som fortsatte uten mye offentlig debatt til godt inn i 1970-årene.[42] Gjennom institusjonaliserte overgrep mot de «mindreverdige», som romanifolk, tatere, samer, kvener og jøder,[43] hadde den høyere fornufts ubestridte sekt skapt sin groteske farse: En rasjonalistisk overtro som ga vitenskapelige, ufeilbarlige forklaringer på statens arbeid, inkludert dens spektakulære feilskjær og overgrep mot personlig frihet.

---

40 Skagen (2018): 251–256.
41 Slagstad, R. (1998): 177–179.
42 Se for eksempel Sejersted, F., (2010) *The Age of Social Democracy. Norway and Sweden in the Twentieth Century*. Princeton University Press, 116–120.
43 Evang, K. (1934). *Rasepolitikk og reaksjon*. Forum; Brandal, N. M, Døving, C. A. & Plesner, I. T. (Red.). (2017). *Nasjonale minoriteter og urfolk i norsk politikk fra 1900 til 2016*. Cappelen Damm.

Tillitsrepublikkens utfordringer

Global kapitalisme – eller hyperglobalisering om du vil – kastet en nyliberal skygge over de originale, egalitære og medvirkende strukturene i nordiske sosialdemokratier. Befalingen om å konkurrere på internasjonale arenaer på jakt etter profitt og fordeler har påvirket den legendariske norske *nøysomheten*: idealet om en måteholden, stillfarende livsstil i fullgode, men nøkterne hjem. Kravene fra – og juridiske avtaler med – overnasjonale institusjoner som EU har virket inn på norsk arbeidsliv og kan rasere rotfestede og samfunnsbevisste, institusjonelle praksiser.[44] Den økende virtualiseringen av nesten alle transaksjoner har forpurret intimiteten og menneskeligheten som er typisk for personlige relasjoner i små, ordnede og relativt homogene samfunn. Til sammen har disse endringene forrykket, om ikke forvrengt, forholdet mellom frihet og sikkerhet.

Men presset mot det gode samfunn kommer ikke bare fra globalisering og digitalisering. Levninger fra det gamle bygdesamfunnet lever videre – på godt og vondt; de er som en usynlig, evolusjonær hale som det moderne samfunnet ennå sleper etter seg. Og her snakker vi ikke om janteloven, som i stadig større grad har blitt erstattet av en dyrking av resultater og profesjonalisering. Etter tiår med nyliberalisme er rivalisering både akseptert og verdsatt i det offentlige Norge,[45] men arbeidslivet og maktstrukturer er fortsatt preget av samarbeidsidealet og ønsket om å ha det koselig. Vi snakker om jantelovens motstykke – la oss kalle det «kosefjøsfaktoren» – som en allusjon til Orwells *Animal Farm*. For en som

---

44 Midttun, A. (2022), *Governance and Business Models for Sustainable Capitalism*. Routledge.

45 Ta for eksempel fikseringen på helseforetakenes budsjettbalanser eller den bisarre konkurransen mellom Vegvesenet og Nye Veier.

har bakgrunn fra Øst-Europa, minner nemlig elementer av norske samfunnsstrukturer om det som i kommunisttiden ble kalt «fjøsets nomenklatur». Uttrykket betegnet en gruppe mennesker som fikk sentrale posisjoner i alle sfærer – innenfor styre og stell, industri, landbruk og utdanning – og som holdt fast ved sin makt og sine privilegier, uavhengig av kompetanse eller prestasjoner. Nomenklaturen var en bastion av stagnasjon, desinformasjon, uvitenhet, nepotisme og det søte liv, der eliten koste seg mens de overvåket proletariatet. Det kommunistiske fjøset ble støttet av et voksende byråkrati som hele tiden ble utvidet for å møte behovene til ... vel, et voksende byråkrati. Feil ble ikke rapportert, og hvis de *ble* rapportert, ble de som regel oversett. Hvis de ble anerkjent, ble rapportøren straffet.

Det norske kosefjøset er naturligvis en blek skygge av Orwells dystopiske kommunistgård. Norge har uavhengige og frie medier som avdekker dyrenes forbrytelser og tvinger dem til å rydde opp. Likevel blir man litt urolig når man leser Mehraz Rafats selvbiografiske bok *Ingen må få vite: En varsler forteller* [46]. Da Rafat – en finansanalytiker ansatt som konsulent i det statlige utviklingsfondet Norfund – avdekket skjulte tap og alvorlige uregelmessigheter i 2006-rapporteringen, ble han frosset ut, trakassert og anklaget for å stresse kollegaer og styre. Det var et sjokk, skriver han, å oppdage at i Bistands-Norge «har man ingenting å tjene på å sende kritiske rapporter, men mye å tape. [...] Er man kritisk, skaffer man seg bare fiender».[47]

---

46   Rafat, M. (2013). *Ingen må få vite: En varsler forteller*. Z-forlag, 16.
47   Rafat (2013): 116.

Det Rafat ikke forsto, var kosefjøsfaktoren. Ikke bare utfordret han maktstrukturer som støtter ærverdige norske selvbilder; han trosset den norske kosen.[48] Varslere fikk rett nok sterkere vern i arbeidsmiljøloven av 2020, men i mellomtiden hadde vi hatt Siemens-skandalen, Monika-saken, Adecco-skandalen, Tønne-saken, saken om ulovlig overtidsbruk i Politiets utlendingsenhet og Yssen-saken, for å nevne noen av sakene som ikke fikk et godt utfall for varslerne. Norge er et lite land der alle dyrene kjenner hverandre, men mange fra Hakkebakkeskogen har flyttet inn i varmen i kosefjøset. Bare pass på, Klatremus og co., at dere ikke oppdager altfor mye møkk under halmen. Gjør dere det, blir dere kastet ut i kulden.

Det finnes imidlertid andre, mer subtile utfordringer til tillitsrepublikken som stammer fra hjertets og sinnets vaner, for å parafrasere Alexis de Tocqueville. I den nå stort sett glemte studien *The March of Folly* (1984) viste Barbara Tuchman hvordan jakten på en politisk kurs som er i strid med velgernes og statens interesser, hadde vært et universelt trekk ved menneskeheten fra Peloponnerskrigen til Vietnamkrigen:

> Dårskap – eller idioti, kilden til selvbedrag, å nekte å lære av sine feil – er uavhengig av tid og sted; den er tidløs og universell, selv om vaner og overbevisninger i en gitt tid og på et gitt sted bestemmer hvilken form den tar.[49]

---

48 Se Norman (2018): 173–175.
49 Tuchman, B. W. (1984). *The March of Folly: From Troy to Vietnam*. Random House: 5, vår oversettelse.

Mennesker har alltid fortsatt å ture frem, selv når de tar feil, som om de var «bergtatt av en slags Merlin med magiske krefter».[50] Ethvert vellykket samfunn er effektivt og motstandsdyktig – helt til det begynner å størkne på grunn av maktbegjær, arroganse, selvrettferdig idioti eller endringsvegring. Men å vedgå feil, å stoppe før det er for sent, å endre kurs er for staten «det mest motbydelige alternativet.»[51]

Filosofen Quassim Cassam trekker lignende konklusjoner i sin studie om psykologisk-kognitive mønstre og vaner som har påvirket individuelle og kollektive valg.[52] Han kaller dem «epistemologiske synder» eller «sinnets laster» (*vices of the mind*); måter å tenke på, holdninger eller karaktertrekk som er systematisk skadelige. Disse kognitive uvanene står i veien for og blokkerer kunnskap, destabiliserer den politiske sfæren og huler ut demokratiet. Slike tilbøyeligheter – reprodusert av institusjoner eller et defekt system – viser hvor destruktive konkrete, menneskelige aktører kan være, gjennom ønsketenkning, dovenskap, feighet, konformitet, likegyldighet, avvising av bevis, sterk ensidighet, naivitet, rigiditet, arroganse eller ren og skjær idioti. Som vi skal vise i påfølgende kapitler, er *vices of the mind* knyttet til norske tillitspatologier på to måter. Den første måten dreier seg om en spontan, blåøyd og tankeløs tillit som stammer fra uaktsomhet eller inngrodde «autopilot»-vaner. Den andre tillitspatologien er tuftet på en *villet, koreografert tillit* som dekker over alvorlige utslag av sinnets laster: lathet, feighet eller mangel på kompetanse.

---

50 Tuchman (1984): 6.
51 Tuchman (1984): 383.
52 Cassam, Q. (2019). *Vices of the Mind: From the Intellectual to the Political*. Oxford University Press.

Trenger Norge en tillitsreform?

17. januar 2023 kunne man se monumentale lysbokstaver skinne fra vinduer i en blokk i det ikoniske Økernsenteret fra 1969. Bokstavene dannet et gigantisk, strålende ord: TILLIT. Kunstneren, Lars Ø. Ramberg, brukte enkle paneler på 60 ganger 60 centimeter med hvitt lys som sendte en subtil, mangfoldig melding til forbipasserende: «Ikke glem tilliten!» «Tillit er viktig!»

Ifølge Ramberg var formålet med hans monumentale verk å «bygge tillit på Økern».[53] Men var det bare det? Dreiet kanskje det folkelige kunstverket seg om mer enn stedets identitet? Var det like mye en invitasjon til å beundre norsk tillit i en mørk verden? Var det kanskje også – bevisst eller ubevisst – reklame for den rådende politiske og moralske agendaen drevet av den norske staten?

I sentrum av denne agendaen er i alle fall «tillit» et nøkkelord. Dens nyeste mytologi går tilbake til oktober 2021, da Jonas Gahr Støres nye regjering, bestående av Arbeiderpartiet og Senterpartiet, presenterte en verdiforankret visjon for et fornyet sosialdemokrati, den såkalte Hurdalsplattformen. Et av de mest slående aspektene ved denne visjonen var et uttrykt behov for en tillitsreform i offentlig sektor.

Virkelig? En *tillitsreform* i et land som skryter av et av de høyeste tillitsnivåer i verden? Har Norge avlært tilliten? Om det er behov for en tillitsreform, viser jo det implisitt at det ikke er nok tillit i Norge, eller at det er noe galt med den. Mente regjeringen at politikere hadde bommet på å skape tillit til *systemet*, og at man

---

53   *Elektro247.no*, 13. januar 2023 https://www.elektro247.no/opplyst-kunstverk-skal-skape-tillit.6579809-569391.html

måtte finne tilbake til den gode, gamle antikvariske *personlige* tilliten? En hårete agenda i den digitale verdenen, spør du oss.

I regjeringsdokumentet *Om tillitsreformen* leser vi: «Målet er å øke handlingsrommet og gi mer faglig frihet til førstelinjen i staten og i kommunesektoren, slik at offentlig sektor samlet sett blir mer brukervennlig og mer lyttende overfor innbyggerne»[54]. Slagordet er: «Mer velferd, bedre tjenester til innbyggerne og til rett tid».[55]

Med andre ord bør det gis mer makt – og ansvar – til distriktene og lokale felleskap, men også oppfordres til mer nyskaping: utvikling av kompetanse, bruk av ny teknologi, digitalisering, smarte jobber og bedre leder- og medarbeiderskap. Nøkkelord er innovasjon, kompetanse, mindre detaljstyring, delegering og digitalisert forvaltning.

For en akademiker ansatt ved et norsk universitet – som er vant til å skrive rapporter på bekostning av forskning og til å påta seg byråkratiske oppgaver for å avlaste administrasjonen – høres «tillitsreform» ut som englemusikk. Det gjør det også for en overarbeidet lege som ikke har tid til å be pasienten om å stikke ut tungen, til å sjekke pulsen, ja ikke engang til å *se* på ham eller henne, fordi hele oppmerksomheten går til å pumpe riktige opplysninger inn i et utdatert datasystem.

Imidlertid reiser tillitsreformen to spørsmål. Det første dreier seg om en systemisk motstand fra gamle byråkratiske strukturer – et beist drevet av treghet og skapt for evig tid. Hvordan skal man humanisere et avhumanisert system – et system som

---

[54] Kommunal- og distriktsdepartementet. (2022). *Om tillitsreformen* (notat). Regjeringen.no: 3.
[55] Kommunal- og distriktsdepartementet. (2022): 7.

ikke har tillit til oss, og som vi har stadig mindre tillit til – og gjenvinne et intimt, varmt og kreativt forhold mellom borgere og politikere?

Det er helt åpenbart at tillit gjør oss mer samarbeidsorientert, lykkelige og effektive, og det er grundig dokumentert at for lite tillit gir grobunn for korrupsjon og er en bonanza for populister og autokrater. Samtidig kan for mye tillit – og reklame for tillit – lett bli opportunistisk, et alibi for konformisme, lathet, treghet og mangel på nysgjerrighet. Hvordan opprettholder vi balansen? Hvordan fremmer vi en sunn og kritisk tillit som forener klokskap med forbedring av demokratiske mekanismer?

Å forstå tillit og mistillit er blitt komplisert i en økonomisk globalisert verden der demokratisk styring ikke har skalert opp tilsvarende. Multinasjonale selskaper har nå fått enorm makt. Riktignok har de, etter å ha vært rammet av tiltagende kritikk fra media og sivilsamfunnet, måttet påta seg et visst samfunnsansvar. Men prat om samfunns- og miljøansvar har ofte forblitt mer retorikk enn reell praksis. Bedriftenes samfunnsansvar har ikke gått dypt nok inn i selskapenes kommersielle kjerne; det er blitt skjøvet ut i en etisk periferi. I denne periferien jobbes det med menneskerettigheter, vern om naturmangfold, klimasatsinger, antikorrupsjon, barns og kvinners rettigheter, LGBT-rettigheter, og så videre.

Alle disse ambisjoner er edle. Men situasjonen ligner på en smultring: Det som fremheves, er den smakfulle ringen med glasur, mens det svarte hullet overses. I dette store intet har sentralisering og oligopolmakt i mange av teknologiselskapene, som Google, Facebook og Amazon, ført til astronomiske fortjenester på et fåtall hender. Pengeformuene skaper igjen mulighet for finansiell kontroll over politiske beslutninger. Dessuten «stjeler» utstrakt bruk av skatteparadiser store beløp fra fellesskapet. I tillegg kommer kortsiktigheten som er bygget inn i bedriftenes finansieringsmodell, med investorer som forventer hurtig avkastning mens verden står overfor utfordringer som krever langsiktig utholdenhet.

I de følgende kapitlene skal vi gå nærmere inn på forholdet mellom makt, penger og tillit i velferdsbærende institusjoner som det norske oljefondet og Equinor (kapittel 3 og 4). Vi skal diskutere kilder og effekter av den norske statens overtillit til fredshelten Terje Rød-Larsen og hans opphøyelse av kreativt bedrageri til kunst. For å belyse tillitspatologier i forholdet mellom borgere, den norske staten og multinasjonale selskaper skal vi på nytt besøke den beryktede Transocean-skandalen (kapittel 4). Og for å illustrere hvordan dypt rotfestede fredsmytologier forenes med moderne holdninger og strategier som svekker den nasjonale sikkerheten, skal vi dissekere norske reaksjoner på Putins invasjon av Ukraina. Vi har brukt et batteri av eklektiske kilder og tilnærminger – fra en narrativ analyse av fortellinger i mainstream-presse og i den virtuelle *infosfæren* til intervjuer med eksperter som hjalp oss å forstå protagonisters komplekse motiver og handlinger.

For å komme tilbake til hovedspørsmålet i boken: Hvordan skal borgere i Norge – et land som tilsynelatende har alt (rikdom, makt og berømmelse) – bevare sin tillit til en stat som gjentatte ganger har blitt suget inn i smultringhullets mørke antimaterie og blitt utsatt for postsannhetens sammensurium? Er det gamle vaner som gjør at vi ufortrødent fortsetter å stole på våre institusjoner? Later vi som om vi ikke legger merke til at hullet i smultringen blir større og større? Har vi kanskje skapt oss en ny smultringhullmytologi som skal kompensere for tapt uskyld?

Vårt søkelys på norske tillitspatologier i den globaliserte verdenen betyr ikke at vår bok vil være enda en øvelse i å trykke det moderne Norge så langt ned i gjørmen som mulig. Vår metode er snarere inspirert av Shakespeare: I stedet for bare å fordømme «skurker» forsøker vi å forstå dem. Vårt mål er å granske det norske tillitsteatret: dets protagonister, krefter de har lite kontroll over, og deres ofte motstridende motivasjoner – og utilsiktede konsekvenser av deres handlinger. I stedet for bare å avsløre og forhøre de tiltalte vil vi trekke oppmerksomheten mot *catch-22*-situasjoner som ofte kompliserer menneskelige valg og handlinger. Vårt argument er tuftet på en overbevisning om at tillit er en hjørnestein i demokratiet, men at *overdreven* tillit lett kan bli en møllestein rundt halsen eller – for å bruke en annen metafor – en spiker i demokratiets kiste.

Kapittel 2

Oljefondet og Peer Gynt-syndromet

De som åpnet *Aftenposten* 7. september 2022, kunne lese et av de mest forbausende og engstelige brevene som noen gang er skrevet av en moderne norsk politiker. Et slikt brev ville vært utenkelig i Polen, enda mer i Frankrike og helt tåpelig i USA. Det var skrevet av byrådsleder Raymond Johansen, og det begynte med en lidenskapelig bønn til de norske milliardærene som dro fra det norske «tillitsamfunnet» til sveitsiske skatteparadiser.

> Kjære milliardærer. Jeg synes det er trist at dere drar […]. Tillitssamfunnet er et trygt samfunn […]. Jeg har bodd i land hvor den rike delen av befolkningen må barrikadere seg bak høye murer, ha livvakter og andre sikkerhetstiltak som griper inn i hverdagen og bevegelsesfriheten. Det slipper dere i Norge […]. Et samfunn med høy tillit gjør hverdagen enklere både for privatpersoner og næringsliv. En bedrift kan stole på det offentlige regelverket.[56]

---

56 Johansen, R. (2022, 17. september). «Kjære milliardærer. Jeg synes det er trist at dere drar». *Aftenposten.no*.

Ordet «tillit» ble gjentatt 19 ganger i det korte innlegget; tillit som grunnlaget for høy skattemoral, som et lim som holder samfunnet sammen, og som grunnleggende verdi, som nå ble utfordret av Putin, hvis regime har spesialisert seg på å ødelegge vestlige demokratier.[57]

Men milliardærene hadde mistet tillit til norske politikere. I 2022 flyttet rekordmange rikinger til Sveits. Ligningsformuer på over 40 milliarder kroner forsvant ut av Norge sammen med 700 millioner årlige skattekroner.[58] En av de stakkars søkkrike klaget over at «det er forferdelig å bo i Norge» under det rødgrønne regimet: «Å ha formue i Norge er blitt dobbelt så dyrt, og dette skjønner svært få mennesker seg på – noe som er et stort problem», sa mangemillionær Tore Ivar Slettemoen.[59] Andre, som Kjell Inge Røkke, snakket om sin ambisjon om å bruke forskningsskip og luksusyachter til å «bidra til å redde livet i havet».[60] Atter andre sa ingenting. At milliardærer i hopetall hadde flyttet til Sveits også under den blåblå regjeringen, gikk fullstendig under radaren.

I en påfølgende debatt – som tidvis nådde komiske høyder – spurte journalistene om supermilliardærer som Røkke, som hadde fått utdanning, helsetjenester og andre offentlige goder, ikke skylder samfunnet noe. Svaret var: «Han [Røkke] har nesten ikke skolegang. Og han har vært frisk. Han har vært billig

---

57 «Putins regime lever av å undergrave tilliten i europeiske demokratier», skriver Johansen i brevet til milliardærene.
58 Ånestad, M., Bakken, J. B. & Feratovic, J. (2022, 18. oktober). «Batteri- og vindkraftinvestor mer enn tidoblet formuen i fjor – nå har han meldt flytting til Sveits». *DN.no*.
59 Ånestad, Bakken & Feratovic (2022)
60 Meland, H. (2018, 19. november). «Røkke vil bidra til å redde havet med superyacht». *TV2.no*.

for samfunnet.»[61] Få pekte på at skattepenger også hadde betalt for kompetansen til arbeiderne hans, skolegangen til barna hans, veiene skole- og pendlerbussene kjørte på, og så videre – i det uendelige. Da LO-sjefen omsider – og helt korrekt – understreket at det faktisk er relativt *lett* å bli rik i Norge,[62] var det for sent: Fortellingen om venstresidens «misunnelse» og om en rødgrønn regjering som var fiendtlig innstilt til næringslivet, hadde noe overraskende, festet seg. En studie fra Norges handelshøyskole (NHH) fra 2022 viser nemlig at folk flest har et forbausende positivt syn på rikfolk.[63] Riktignok blir enkelte provosert av norske «skatteflyktninger», som John Fredriksen og Bjørn Dæhlie, og det kan forekomme sporadiske reprimander i etablerte medier og giftige angrep fra ytre venstre.[64] Men samfunnets forargelse går i bølger, og generelle oppfatninger av rikfolk som egoister er – i alle fall tilsynelatende – sjeldne. Folk har tillit til at våre milliardærer har fått sin velstand uten å bryte loven og uten å undergrave en underforstått moralkodeks.[65] Og ikke bare det: Det er fortsatt en del rikinger i Norge som liker å si offentlig at

---

61   Helle, B. T. & Klevstrand, A. (2022, 13. september). «Økonomiprofessor Steinar Strøm tror ikke på massiv skatteflukt fra Norge: – For det er landet altfor bra å bo i». *DN.no*.

62   Følsvik, P. H. (2023, 14. januar). «Skatteflyktningene svikter den samme velferdsstaten som har gjort dem rike, og overlater regningen til vanlige folk». *E24.no*.

63   De som tror på statistiske undersøkelser, kan lese denne kronikken: Cappelen, A. (2022, 17. februar). «Er de rike egoister?». *Dagens Næringsliv*; Den originale artikkelen er publisert som OpenAccess-artikkel: Cappelen, A. W., Hole, A. D., Sørensen, E. Ø. & Tungodden, B. (2007). «The Pluralism of Fairness Ideals: An Experimental Approach». *Proceedings of the National Academy of Science*, *97*(3).

64   Et eksempel som kan nevnes, men som dessverre er overfladisk og utdatert, er: Kristjánsson, M. (2011). *De superrike*. Forlaget Manifest.

65   Kristjánsson (2011); Når dette er sagt, finnes det selvfølgelig en del fordommer mot de rike som preger enkelte individer og grupper.

de betaler sin skatt med glede, noe som paradoksalt nok fører til at folk aksepterer stadig mer ulikhet i Norge.

I norsk folklore snakker man om kongen som tok trikken, men det finnes også nok av fortellinger om snille plutokrater: Verftseieren som etter forhandlinger med fagforeningen betalte for vask av kjeledresser etter skift; den godhjertede tidligere møbelsnekkeren som delte ut tusenvis av kroner til arbeiderne dersom det hadde vært et bra år; skipperen og båteieren som ga førstereisgutten full lott fordi han gjorde en manns jobb; den barmhjertige handelsmannen som i hemmelighet kjørte ut mat til fattigfolk i juletider. De fleste norske bygdelag og bydeler har fortellinger om snille, rike sjefer.[66]

Den mest fargerike av dem alle er hotellkongen Petter Stordalen, som sverger til en avvæpnende «jordbærfilosofi». Da han var tolv år, solgte han jordbær på markedet, og han var bekymret for at de andre selgerne hadde større og saftigere bær. «Selg frukten du har», sa faren, som var grønnsakshandler: «Det er den eneste frukten du kan selge.» Med sin ulastelige jordbærbakgrunn er Stordalen en av folket. Han poserer ikke i Armani-dress, men i rørende *kitschy* cowboystøvler og militærjakke med gullpaljetter. I stedet for å være en reservert, søkkrik gjerrigknark tror han på alt som er rett: bærekraftig kapitalisme, sosialt ansvar og

---

66 Det finnes selvfølgelig uttak: se NRK. (u.d.). «Vannverksskandalen på Romerike» – Alle artikler. *NRK.no*; Men man må også innrømme at noen norske milliardærers altruisme har gått ut over Norge. Det er nok å nevne deres engasjement i Ukrainas frihetshjelp: Investor og milliarder Christen Sveaas har bidratt med 1 million kroner, Varner-familien sendte klær og overskuddmateriell fra salg av militært utstyr, aksjemegler og investor Jan Petter Sissener har også bidratt, og så videre; se Bamvik, B. S. & Lier, T. (2022, 6. mars). «Norske investorer gir hjelp til Ukrainas hjemmefront». *E24.no*.

det å betale skatt.[67] Disse idealene er del av forrådet av hellige nasjonale dyder sammen med «tillitsamfunnet, ordholdenhet, ærlighet, lovverk, flagg […], vårt forhold til naturen, matretter, nasjonalsangen og kongehus».[68] Så lenge de rike åpent kultiverer denne ærverdige etosen, forblir biografiene deres betryggende udramatiske – og om vi skal tro på forskerne - ser de til og med ut til å forsterke sosial tillit.

Men dette kapitlet handler om et unntak: en besynderlig mammondyrker som utfordret de nasjonale og kulturelle kodene på to måter. For det første gjorde han det motsatte av andre norske magnater: I stedet for å kose seg med milliardene sine på Kypros eller i Sveits, kom han tilbake til Norge etter en kometkarriere som hedgefondsjef i London. For det andre prøvde han ikke å gjemme rikdommen sin, i allefall ikke hele rikdommen. Seks måneder før han hadde arrangert sitt norske comeback, hadde han chartret to privatfly – med bar, luksuriøse senger og privat kokk om bord – for å frakte medlemmer av den politiske og kulturelle sosieteten i Norge og England til Amerika, der verdens praktfulle fremtid skulle fødes til tonene av Stings ballader.

Dette svært unorske uttrykket for intellektuelt snobberi og dekadent kjekkaseri var bare innledningen til en episk komedie om tillit og mistillit i norsk kultur- og finanshistorie. Komediens hovedkarakter, mannen som organiserte det ekstravagante seminaret med *crème de la crème* av norske og internasjonale eliter, er tidligere finansakrobat og spesialist i bruk av skatteparadiser. Hans navn er Nicolai Tangen.

---

67   Stordalen, P. A. (2022). *Apollo-metoden: Syv grep som funker når det virkelig gjelder.* Bonnier.
68   Tybring Gjeddes gjengivelse, sitert i Skagen (2018): 21.

Dramaet utfolder seg i fire akter. Første akt: Våren 2021 blir Tangen overraskende lagt til på listen over kandidater til jobben som sjef for oljefondet. Andre akt: Tangens kandidatur åpner en pandoraeske i det norske offentlige tillitsteatret, og Tangen og hans fremste støttespiller, sentralbanksjef Øystein Olsen, må klare seg gjennom en langtrukken kampanje i det offentlige rom. Tredje akt: Tangen rir stormen av og vinner tilbake noe tillit ved å gå fra *bad guy* til *good guy* gjennom en rekke fengslende sceneskifter. Fjerde akt: *The good guy* vinner, og Tangen blir sjef for det største statlige investeringsfondet i verden.

Det vil være en underdrivelse å si at Nicolai Tangens nominasjon som sjef for oljefondet satte en støkk i nasjonen. Den skapte et kulturelt sjokk og et politisk jordskjelv. Det offentlige ordskiftet kokte over, journalistene gravde og gravde, og politikere i SV og Rødt fremmet mistillitsforslag mot sentralbanksjefen.[69] Hvordan kunne de mest dydige borgerne på kloden akseptere en styrtrik hedgefondsjef med eksplisitte koblinger til skatteparadiser som leder for sitt hellige oljefond? Og enda mer sjokkerende: Hvordan kunne den edruelige, kjedelige sentralbanksjefen støtte Tangens kandidatur? Var han forfjamset eller forført – eller til og med forhekset?

Det er tre årsaker til at dramaet rundt Tangens utnevnelse er verdt et kapittel i denne boken. For det første demonstrerer det kraften i kulturelle selvbilder og forestillinger som preger de norske idealene rundt politikk, rikdom og lederskap. For det andre belyser det dynamikken i kulturell innovasjon, og illustrerer

---

69 Haugan, B., Flydal, E. F., Røsvik, E., Johnsen, A. B. & Vågenes, H. (2020, 21. august). «Stortingets Tangen-krav: – Ren mistillit til Øystein Olsen». *VG.no.*

hvordan et kreativt, vågalt individ som i prinsippet lå helt i randsonen av det etablerte verdisystemet, kan klare å bryte ned sosial motstand, vinne borgeres tillit og invadere det kulturelle sentret. For det tredje viser det spenningene og selvmotsigelsene i den norske psyken: På den ene siden av janusansiktet er nasjonen from, miljøvennlig og altruistisk, på den andre aksepterer den stilltiende at norsk velferd er finansiert av skitne penger som ikke bare ødelegger klimaet, men som øker de store oligopolenes kontroll over innbyggernes liv. Den siste påstanden skal vi underbygge i kapittel 4. Her skal vi se nærmere på Tangens vei fra personlig rikdom til kongerikets pengebinge.

Nicolai Tangens metamorfose[70]

Nicolai Tangen bygget sitt globale rykte som en smart og talentfull leder for det London-baserte investeringsselskapet AKO Capital. AKO Capital er ikke et hvilket som helst investeringsselskap. I 2006, rett etter oppstarten, ble det nominert til prisen for «beste europeiske aksjefond» og for «beste nye europeiske fond». I 2016 fikk det status som «beste nye globale fond», og i 2017 og 2018 som «beste globale aksjefond med en verdi på over 500 millioner dollar».[71] Med andre ord er det ikke det legendariske norske talentet for å være *god* som er Tangens spesialitet,

---

70   En forkortet versjon av analysen nedenfor finnes kronikken: Midttun, A. & Witoszek, N. (2022, 24. februar). «Oljefondet og den norske sjelen – og en livsløgn». *Dagens Næringsliv*. https://www.dn.no/innlegg/oljefondet/etikk/konkurranse/innlegg-oljefondet-og-den-norske-sjelen-og-en-livslogn/2-1-1172294
71   Høgseth, M. H., Hovland, K. M. & Hopland, S. (2020, 24. april). «Her har Tangens suksessfond satt pengene». *E24.no*.

men å være *best*. Da han søkte på jobben i Norge, hadde Tangen tjent 7,2 milliarder kroner siden 2005.[72]

Turen til toppen av finanstindene var imidlertid ikke problemfri. I 2020 hadde Tangen store personlige investeringer i fond og selskaper i skatteparadiser og en stor skattetvist gående med britiske skattemyndigheter rundt en bonusordning i hedgefondet. Ikke bare brukte han to skatteparadiser for å kanalisere over en milliard kroner fra selskapet til seg selv og partnerne; han betalte heller ikke inntektsskatt av bonusene da de ble utbetalt.[73]

Er han et «kriminelt geni» som det norske folk gjorde rett i å mistro? SVs Kari Elisabeth Kaski, medlem av Stortingets finanskomité, mente i alle fall det: «Her [i nominasjonsprosessen] har Norges Bank vist en utilgivelig naiv holdning», tordnet hun: «vi anser det som etisk overtramp at en oljefondsjef skal ha interesser i skatteparadis»[74] Ifølge Eva Joly, korrupsjonsekspert og medforfatter av denne boken, ville det være «et helt galt signal at en så ærefull post går til en mann hvis liv har vært brukt til å minimere skatt. Et av de største problemene land står [overfor] i dag er utfordringene med å drive inn skatt».[75] Julie Brodtkorb, leder for representantskapet i Norges Bank, hevdet at sentralbankens styre hadde «brutt lover, regler og retningslinjer i prosessen»

---

72 Helgaker, E. (2019, 13. august). «Sørlending tjente 1,3 milliarder kroner i fjor». *DN.no*.
73 Sheffield, H. (2020, 2. august). «Why Did a Hedge Fund Manager Worth $700 Million Take a $630,000-a-Year Job Managing an Oil Fund?» *Institutional Investor*; I 2021 måtte Tangen betale 335 millioner pund til Her Majesty's Revenue & Customs; se Andresen, Ø. (2021). «Tangen må betale 335 millioner til britiske skattemyndigheter etter forlik». *Andresensblogg.no*.
74 Tomter, L. & Vigsnæs, M. K. (2020, 20. april). «Norges Bank har ikke sett Tangens fullstendige klientlister: – Har tillit til hans etiske standard». *NRK.no*.
75 Tomter & Vigsnæs (2020)

ved å akseptere en kandidat som hadde eierskap i AKO-fondet.[76] Opposisjonspolitikere på venstresiden ba finansminister Jan Tore Sanner gripe inn i ansettelsen av en mann som hadde en fortid i skyggeøkonomien.[77] Berit Reiss-Andersen, leder for Den Norske Nobelkomite, uttrykte skepsis til Tangens milliarder da hun sa: «Rikdom er definitivt ikke et fortrinn i Norge – vi er mistenksomme overfor rikdom.»[78]

Én av flere grunner til å være skeptisk til Tangens milliarder er at han hadde tjent penger på være manager av et såkalt aktivt eierfond. Slike fond har også blitt kalt «en fabrikk som produserer sosial ulikhet». Ludovic Phalippou, professor i finansøkonomi ved Universitetet i Oxford, studerte aktive eierfonds resultater fra 2006 til 2015, og konklusjonen kunne ikke feiltolkes: «Aldri har så mye penger blitt overført fra så mange til så få.»[79] Tangens fond ble verdt 23 milliarder pund mens han styrte det; relativt lite sammenlignet med for eksempel Blackstone-gruppens 619 mil-

---

76   Saue, O. A. (2020, 13. august). «Jan Tore Sanner om Tangen-ansettelsen: – Naturlig å se på om det er læringspunkter». *E24.no*.

77   I praksis var det mer komplisert. Da hovedstyret først hadde bestemt seg for Tangen, hadde Sanner trolig ikke mulighet til å gripe inn. Men han hadde, ifølge lovavdelingen, større handlingsrom enn han trodde. Julie Brodtkorb, leder for representantskapet, mente at hovedstyret hadde brutt lover, regler og retningslinjer i prosessen. Videre mente representantskapet at Tangens eierskap i AKO reiste spørsmål ved hans habilitet som sjef for oljefondet. Deler av opposisjonen, som SV og Rødt, ba finansminister Sanner gripe inn i ansettelsen; Saue 2020

78   Milne, R. (2020, oktober). «New Norway oil fund chief walks ethics tightrope». *Financial Times*, vår oversettelse.

79   Se Phalippou, L. (2020, 15. juli). «An Inconvenient Fact: Private Equity Returns & The Billionaire Factory by Ludovic Phalippou»: *SSRN*. Se https://www.bain.com/insights/public-vs-private-markets-global-private-equity-report-2020/. Se også MacArthur, H., Lerner, J. & State Street Global Markets & State Street Private Equity Index. (2020, 24. februar). *Public vs Private Equity Returns: Is PE Losing its Advantage* (Del 3 av Bain's 2020 Global Private Equity Report). https://www.bain.com/insights/public-vs-private-markets-global-private-equity-report-2020/

liarder. Men 23 eller 619; en milliard er en milliard, nesten uansett hvilken valuta vi snakker om. Det dreier seg om den samme prosessen: å overføre rikdom fra millioner av klienter til noen tusen mennesker som jobber i aktive eierfond.

Men Øystein Olsen, direktøren i Norges Bank, var forbausende immun mot et massivt angrep på sin yndlingskandidat: «Vi har full tillit til Tangens personlige, etiske standard og den standard som gjelder for hans forvaltningsselskap», bedyret han.[80] Var Olsens uttalelse et klassisk uttrykk for tillitspatologi, eller signaliserte den behov for en fremtidig oljefondsjefs særegne ferdigheter som trengs i den digitale verdenen og den brutale MacWorld-konkurransen? Olsens nesten hypnotiske fiksering på at Tangen skulle få jobben forblir en gåte. La oss bare si at sjefen for Norges Bank var så giret på at Tangen skulle få jobben, at han glemte å undersøke AKO-fondets tvilsomme investeringer og pågående rettssaker i England.[81] Olsen var ikke alene: Høyres finansminister Jan Tore Sanner, som opprinnelig hadde vært skeptisk til Tangens nominasjon, ga i et intervju med *Financial Times* uttrykk for tillit til den nye sjefen for oljefondet: «Jeg er trygg på at fondet i fremtiden vil nyte stor tillit både i det norske samfunnet og internasjonalt.»[82]

Det er flere paradokser ved rabaldret rundt Tangens ansettelse. For det første ignorerte kritikerne hans imponerende talent for å tjene penger og brukte det i stedet *mot* ham, i tråd med det nasjonale idealet om en respektabel og «snill» kapitalisme.

---

80 Tomter & Vigsnæs (2020)
81 For eksempel investeringer i blant annet The Russian Property Fund; se Sheffield 2020; se også Flydal, E. F. (2021, 11. juni). «Tangen fikk 335 millioner i skattesmell». *E24.no*.
82 Milne (2020, 5 oktober). «New Norway oil fund chief walks ethics tightrope» *Financial Times* (ft.com), vår oversettelse.

For det andre var hovedinnvendingene mot Tangen tuftet på hans forbindelser med Caymanøyene og skatteunndragelse, selv om det er en offentlig hemmelighet at de fleste statlige bedrifter, som Statkraft, Equinor, Telenor og DNB, også benytter skatteparadiser (se også kapittel 4).[83] For det tredje viste det voldsomme opprøret mot Tangens nominasjon et nesten religiøst syn på oljefondet, som – i den nasjonale (under)bevisstheten – er blitt separert fra sin sotete og stygge fødsel og har status som en hellig gral, til tross for kontinuerlige miljø- og klimaprotester.

Det var likevel noen få mektige aktører som forsvarte Tangens utnevnelse som oljefondets høyeste vokter. Henrik Syse, nasjonens selvutnevnte etikkekspert, som selv var styremedlem i fire AKO-selskaper med konti i skatteparadiser og en personlig venn av Tangen, sto på at det ikke var noe galt i å gjemme vekk penger i London eller USA. «Å være registrert i såkalte offshore-jurisdiksjoner er ikke bare lovlig», sa han. «Vi gjør det som vi mener er i henhold til den beste bransjestandarden.»[84] Vi vet ikke om Syse hadde lest *Pengeland* (2020)[85] eller *Skjult rikdom* (2017)[86] to bøker som grundig dokumenterer skatteparadisers oppfinnsomme måter å undergrave demokrati, stjele penger fra folket og

---

83 Staten eier for eksempel 67 prosent av Equinor, 54 prosent av Telenor og 100 prosent av Statkraft (per 21. oktober, 2022) samt har 34 prosent eierandel i DNB (staten er langt den største eieren); se Nærings- og fiskeridepartementet. (2022, 3. august). «Hva staten eier». *Regjeringen.no*; se også spesifikt for Nærings- og fiskeridepartementet.
84 Vermes, T. (2016, 18. mai). «Henrik Syse går god for registrering på Cayman Islands: Etikkekspert Henrik Syse er styremedlem i fire selskaper i skatteparadis». *ABC Nyheter*.
85 Bullough, O. (2019). *Pengeland: Hvordan finanseliten og de superrike stjeler fra folket og truer demokratiet*. Res Publica.
86 Zucman, G. (2017). *Skjult rikdom*. Manifest Forlag.

øke ulikhet på. Eller om han – i likhet med Øystein Olsen – var blitt forført av Tangen. Eller om han dyrket en ukonvensjonell forståelse av etikk og moral. Men én ting er sikkert: I den hete debatten rundt den nye oljefondsjefen kom skjelettene ut av det norske kulturskapet og begynte sin *danse macabre.*

Mens dramaet utfoldet seg, gjennomgikk Tangen en fenomenal metamorfose: I stedet for å bli paralysert av generell mistillit til hans kandidatur, iscenesatte han sin egen gjenfødsel. Han var ikke lenger en *wolf of Conduit Street* i London som omfavnet grådighet og slo saltomortaler for å unngå å betale skatt. Nei, han var tillitsverdig fordi han faktisk *likte* å betale skatt, sa han til NRK: «La meg også gjenta at [når] jeg nå flytter hjem til Norge vil jeg skatte til Norge, og vil også betale norsk formuesskatt med glede.»[87]

Tre måneder etter at han sa dette, fikk han – som svar på en forespørsel – en bindende forhåndsuttalelse fra Skattedirektoratet om at midler som lå i hans britiske firma, ikke ville bli beskattet i Norge.[88] Denne avtalen burde vært et oppsiktsvekkende eksempel på hvordan institusjoner som resten av oss har tillit til, men uansett bare må adlyde, tillater at smutthull i loven (mis)brukes av enkeltpersoner – og til og med av våre viktigste ledere, men norske medier og politikere fikk det ikke med seg eller hadde sluttet å bry seg.[89] Enda en gang lyktes Tangen med

---

87 Kampevoll, F. & Tomter, L. (2020, 27. mars). «Oljefondssjefen med bånd til skatteparadis – Forventer redegjørelse». *NRK.no*, 27. mars 2020.

88 Berg-Rolness, G. (2020). «Kommentar til BFU – beskatning av norsk eier av britisk LLP: Bindende forhåndsuttalelse vedr. Nicolai Tangen». *Revisjon og regnskap*, 6. https://www.revregn.no/asset/pdf/2020/06/2020-06-30.pdf

89 OECD. (2015). *Action 2: Neutralising the effects of hybrid mismatch arrangement*. Rapport. https://www.oecd.org/ctp/neutralising-the-effects-of-hybrid-mismatch-arrangements-action-2-2015-final-report-9789264241138-en.htm

å bruke en aggressiv skatteplanleggingsstruktur, uten at noen protesterte. Han påsto at han hadde kuttet alle bånd til sitt svært lønnsomme investeringsselskap, og aksepterte en lønn som var patetisk sammenlignet med den han var vant til: Seks–sju millioner i året er ikke til å kimse av for de fleste av oss, men for Tangen er det vekslepenger. Til gjengjeld ble han sjef for den største pengebingen i den vestlige verden, i skrivende stund verdt 14.500 miliarder kroner.[90]

Denne spektakulære *tour de force* hadde ingen presedens i norsk finanshistorie. Ikke bare klarte Tangen å avfeie den inngrodde norske avsmaken for brutale former for rovkapitalisme; han klarte også å utfordre jantelovens første, hellige bud. Han demonstrerte at han faktisk var i stand til å «være noen» – like mye på grunn av som til tross for sine skamløse milliarder. Men Tangen brukte enda et triks for forsiktig å foreslå at han var rett mann for jobben. Vi har alt nevnt det luksuriøse gildet han organiserte i november 2020 på Wharton College i Pennsylvania, en av de mest prestisjetunge handelsskolene i verden. Her samlet han norske ministre, FN-stjerner, britiske kjendiskokker, filosofer og Yngve Slyngstad, daværende sjef for oljefondet. I seminarets program var det en kjærlighetserklæring til deltagerne:

> Dere er alle eksepsjonelle. Dere ønsker alle å utvide deres horisont og åpne deres sinn. Men som meg har dere kanskje ikke alltid nok tid i hverdagen til å gjøre det, og det er derfor jeg har måttet frakte dere hit, for å lære ikke bare fra noen av de mest inspirerende talerne og professorene i verden, men også fra hverandre.[91]

---

90 De som har lyst til å følge med på oljefondets opp- og nedturer, kan gjøre det millisekund for millisekund på www.nbim.no/no.
91 Sheffield (2020), vår oversettelse.

Hvem kunne stå imot? Ikke Olsen – og heller ikke Syse og Slyngstad. Det var et mesterverk av sofistikert, intellektuell bestikkelse som overbeviste alle deltagerne om at *de* – ikke Tangen – var verdens utvalgte. Men la oss ikke være for hjerteløse. La oss anta at Tangens rasling med påfuglfjærene var koreografert for å bevise at den alminnelige norske gutten fra Kristiansand ikke var noen primitiv viking, men en verdig arvtager etter Cosimo de' Medici, den italienske mesenen som både gjorde folket rikere og ga penger til malerkunst, litteratur og arkitektur. Tangens ord og handlinger syntes å si: «Jeg er ikke en kjedelig og selvisk finansfyrste; jeg er en fargerik filantrop som også støtter kunst, kultur og vitenskap, på den stadig videre horisonten av innovasjon, oppfinnsomhet og gjenfødelse.»

Det gikk en stund før i det minste *noen* av deltagerne på Tangens overdådige seminar husket sitt kulturelle DNA. Kultur er tross alt ikke et klesplagg man tar av og på seg etter forgodtbefinnende, men er som levende membraner som binder sammen individuell psykologi og resten av samfunnet. I ettertid hørtes tidligere Tangen-fans ut som et kor av jomfruer som offentlig angret på at de hadde latt seg bli pirret, henført og berøvet sin uskyld. «Jeg er veldig, veldig lei meg», skrev Slyngstad i en melding til sine ansatte, og innrømmet at han virkelig hadde «rotet det til […]. Jeg skammer meg over å ha gjort en slik feil […]».[92]

Det er uansett god grunn til å tro at det først og fremst var Øystein Olsens trassige tillit til Tangen som hindret at en oppesen milliardær ble sendt med halen mellom beina tilbake til England,

---

92 Sheffield (2020), vår oversettelse.

et land som spesialiserer seg på talentfulle løgnere og økonomiske lurendreiere, fra Theodore Agnew til Boris Johnson.[93]

Det er flere ubesvarte spørsmål her: Var sentralbanksjefens fascinasjon for Tangen et eksempel på en tillitspatologi? Ble han overveldet av Tangens moderne «presentasjonskultur»?[94] Mer interessant er: Hvorfor var Tangen så besatt av å få jobben at han var villig til å gi slipp på en stor del av sin formue? Og ikke minst: Hvordan klarte han å vinne nok tillit i Norge til faktisk å få jobben? En søkkrik manns vilje til å gi avkall på litt av en enorm formue forklarer ikke hva som skjedde, eller hvorfor.[95] Det må være en ukjent faktor i ligningen – og denne faktoren er Tangens ekstraordinære personlighet.

Portrett av finanshaien som poet

I Ibsens kanskje mest bitende satire over norsk smålighet, egoisme og selvtilstrekkelighet møter vi en løgner og drømmer som har fått nok av den trykkende provinsialismen i hjembygden. Peer Gynt blir kanskje en poet og en «verdensborger», men underveis i sin umettelige appetitt på eventyr og lettjente penger leker han med troll og deltar i slavehandel. Peer rettferdiggjør sine umoralske handlinger ved å følge Dovregubbens motto: «Troll, vær deg

---

93   Agnew fikk et ridderskap, deretter en lord-tittel og deretter en ministerpost som gjorde det mulig for ham å overføre 47 milliarder pund av offentlige midler til private selskaper; se Jenkins, S. (2022, 28. januar). «Even Johnson's own fraud minister couldn't bear the stink of this government». *The Guardian*.

94   Berglund, N. (2020, 26. mars). «New Oil Fund boss can also cook». *NewsinEnglish.no*.

95   Tangen har vært spesielt flink til å bruke hull i lovverket og beholde eierskap i sine fond på Jersey, som han ikke betaler skatt på; Høgseth, Hovland & Hopland 2020

selv – nok!» Peer blir rik, men noe mangler: Han blir rammet av en angrende tørst etter sin tapte, norske sjel. Det blir et vendepunkt i hans bortkastede liv ute i verden. Peer reiser hjem til sin trofaste Solveig, og til samfunnet han hadde forlatt fordi det ikke var verdig hans poetiske geni og skyhøye ambisjoner. Han er nå en ødelagt mann, en skygge av sitt gamle, livsglade selv – men han finner også kjærlighet, et hjem og fred med seg selv.

Vi er klar over at vi smører tykt på her. Analogien mellom Nicolai Tangen og Peer Gynt bør ikke strekkes for langt. Tangen kommer tilbake fra «Dovregubbens hall» – i dette tilfellet Londons finanssentrum – som en suksessfull forretningsmann, ikke som et eksistensielt vrak. Han er en moderne, livlig versjon av Peer, med økonomiutdanning fra en prestisjefull handelsskole i Amerika og mastergrader i kunsthistorie fra Courtauld Institute og organisasjonspsykologi fra London School of Economics. Men Tangen er, som Peer, en kulturell outsider med dristige prosjekter og umettelige drømmer som – i alle fall til å begynne med – ikke kunne bli oppfylt i et lite, bakstreversk land. Tangen er, igjen som Peer, en mester i å overleve ved finne på stadig nye og fengslende historier. Og som Peer minner Tangens personlighet, livserfaringer og tilbakekomst til Norge om en lang jakt og søken og, til slutt, en åpenbaring, der nøkkelordet er «bortenfor». For denne påfuglen blant høns betyr «bortenfor» først det å følge sine egne begjær og lidenskaper og å gjøre det umulige. Å komme til dette stadiet krever en modningsprosess som er verdt å se nærmere på – om ikke annet fordi den involverer *eros*.

I Platons *Symposium* er *eros* et konsept som ikke egentlig handler om sex, men om et mangfold av begjær, inkludert behovet for å være et godt og dydig menneske.⁹⁶ Eros er tredelt: Det er knyttet til penger, kropp og filosofi og handler om en fundamental streben etter udødelighet. Men eros er bare én av kreftene som driver skapninger som Tangen. Platon nevner også *thymos*, som viser til selvbildet og til anerkjennelse fra andre og også til en følelse av å bli sett ned på eller urettferdig behandlet. Kanskje «Tangen den rike» higet etter å bli «Tangen den store»? Det er tusenvis av milliardærer der ute som ingen har hørt om, og Tangen ville ikke være en av dem. Han ønsket å bli lyttet til og beundret og anerkjent av sine landsmenn.

Tangens drøm har vært å gjenerobre sitt barndoms samfunn og forme dets fremtid. Dette prosjektet handler ikke lenger bare om å tjene penger; det handler om å bli en del av evigheten. Ikke noe sted er evighetshorisonten mer tydelig enn i et av Tangens foredrag i Arendal, der han brukte en svulstig, men tilsynelatende effektiv rekvisitt: Et søtt kort, skrevet av en – kanskje oppdiktet – fire år gammel jente.⁹⁷ På kortet sto det: «Til Nicolai. Kan du passe på pengene mine i oljefondet?» Foran flere hundre tilbedende tilskuere lovet selvsagt Tangen å oppfylle ønsket til den lille jenta. Krukken med lignende brev hadde han stående på kontoret sitt «for å minne meg på hva jobben min handler om […]. Du har evigheten som en horisont for å tjene masse penger».⁹⁸

Peer Gynt-aspektet ved Tangen er blitt påfallende etter at han fikk jobben. Aldri før i oljefondets historie har man sett en leder

---

96 Platon, (1980). *Symposium*. Cambridge University Press; Fussi, A. (2008). «The Desire for Recognition in Plato's Symposium». *Arethusa*, 41(2): 237–262.
97 La oss bare si at lille Elise, om hun finnes, har usedvanlig god finmotorikk og språkfølelse til å være bare fire år. Se TedxTalks «Why Every Norwegian is a Millionaire». *YouTube*, vår oversettelse.
98 Ibid.

som spiller en rolle som både finansguru, filosof og innovatør. Samlet skaper Tangens mange opptredener i media et bilde av en mann som er klar over sin energi og sin rolle som økonomisk læremester; en mann som sprer sine snutter av «visdom» til fremtidige generasjoner som har lyst til å bli som ham. Skulle vi oppsummere Tangens katekisme basert på hans egne ord, ville den sett omtrent slik ut:

> Jeg tror på selvsikker ydmykhet. Jeg tror på karakterstyrke, motstandskraft og utholdenhet, på å holde stø kurs også i motgang, på å komme seg videre og ikke gi opp. Karakterstyrke kan kompensere for skolekarakterer som ikke er veldig gode. Jeg tror på tålmodighet – på å reise til Bhutan, klatre opp på en fjelltopp og drikke grønn te med munkene i seks måneder; det er slik du forstår tid. *Jeg liker å føle meg mindreverdig*: Du må tro på deg selv, men ikke for mye. Jeg tror på teamwork. Jeg liker ikke byråkrati og vanetenkning. Byråkrati gjør mennesker mindre enn de er. Jeg er inspirert av Gary Hamels *Humanocracy*. Jeg tror på mangfold. Mangfold er litt som kjærlighet: Du kan ikke late som. Jeg elsker det når folk er uenige. Jeg tror på å studere tabbene mine. Mennesker trenger evnen til å gå mot strømmen. Det er bra å være kontrær, og du må takle å ha upopulære meninger.

Der har du Tangens trosbekjennelse. Den er omfattende, men også besnærende, som en potpurri av ekte norske verdier, vestlig humanisme og østlig filosofi. Det er som en intellektuell *fusion cuisine*. Dette er en mann som tror på humor og lettsinn mer enn på å holde seg til en trettende rutine; en mann som både vet hvor de erogene sonene finnes i egen kultur («jeg tror på selvsikker ydmykhet»), og som har en californisk åpenhet overfor det ukonvensjonelle og uortodokse. Dette er en mann som helt sikkert har lest Dale Carnegies bestselger *How to Win Friends and Influence People*, tidenes mest populære selvhjelpsbok for den som ønsker å bli rik.[99]

For Carnegie var ikke hovedmålet med utdanning kunnskap, men handling. Livet dreier seg om kreative løsninger og evnen til å lære av feil. Business handler ikke om å plyndre arbeiderklassen, men om helt og holdent å identifisere seg med folk flest og praktisere en varm, positiv og idealistisk holdning til andre mennesker. Sjelefred, god helse, en urokkelig optimisme og en endeløs strøm av energi hopper ut av hver side i Carnegies bøker, og det er dette idealet Tangen entusiastisk har omfavnet. «Vi [i oljefondet] er jo så åpne, det med åpenhet synes jeg er fantastisk, der er vi jo helt verdensledende», uttalte han begeistret i et av sine mange intervjuer:

> Det er helt utrolig. For å være så åpen må du vite hva du gjør, og våre prinsipper og moralske holdninger er nedfelt i dokumenter som har vært gjennom styret og er godt forankret, det er det vi står for som samfunn. Jeg tenker det er veldig positivt [...].[100]

Har vi tillit til denne mannen? Ja og nei. Noen stoler kanskje på talentet hans for å tjene penger, i kombinasjon med en forførerisk kraft som er resultatet av grundig planlegging og en omhyggelig strategi. De som har tillit til ham, tenker kanskje at det er behov for disse egenskapene i oljefondet i turbulente tider. Andre er skeptiske – for hva skal man synes om en oljefondsforvalter som tvitrer

---

99 Carnegie, D. (2005). *How to Win Friends and Influence People* (E-bok). Cornerstone. (Opprinnelig utgitt 1937).
100 Reinertsen, M. B. (2022, 15.juli). «Nikolai Tangen har fått stormen han advarte mot». Intervjuet av Maria Berg Reinertsen. *Morgenbladet*.

til sine tusener av tilhengere: «I dag har jeg tatt en lur.» Hva mener han egentlig? At han til tross for sin guddommelige stilling er som folk flest, fordi han tar en lur? Eller at det å ta en lur øker arbeidseffektiviteten? Eller at hans, Tangens, lur er så sakrosankt at den bør kommuniseres til lokale og internasjonale kretser?

Kanskje Tangen er – eller truer med å bli – et offer for sin egen tillitspatologi, en narsissistisk overtillit til sin genialitet? Hva om det går helt galt, og nordmenns milliarder forvaltes av en «peergyntisk» mytoman? Vi vet ikke, men vi kommer til å finne det ut.

Tangenisme

Kjernen i tangenismen er motstandskraft og ustanselig gjenoppfinnelse. Etter at Tangen hadde fått smake på nasjonal forargelse over sin overdådige og «syndige» fortid, endret han taktikken. Et av hans triks var avdemoniseringen av kunsten å bli rik ved å gjøre hemmelighetene bak det å tjene penger husvarme og norske. Slik ble det å styre investeringer «som å seile en båt: Du strammer litt her og løser opp litt der, så båten seiler litt raskere. Det er målet».[101] Og han grep selvsagt til det mest norske av alt: «Å tjene penger er som å gå på ski. Eller jobbe på kjøkkenet. Eller steke pannekaker.»[102] Tangens oppfinnsomme bravur er uendelig. Samfunnet han har kjempet så hardt for å gjenvinne, må bli beroliget av at han er «en

---

[101] Milne, R. (2021, 6 januar). «From hedge fund to sovereign wealth: Norway's investment chief eyes active approach». *Financial Times*.

[102] Taraldsen, L. E. (2021, 10. Mai). «Tangen shakes up oil fund hiring: 'It is how we shape the future'». *AMWatch.dk*.

av oss». Derfor passet han på at vi ikke glemte nasjonalfølelsen hans: «Du skal være stolt over å jobbe for landet ditt.»[103]

Tangenisme handler om mye mer enn bare å tjene penger. Den handler om gode gjerninger forent med kunsten å fortelle historier som dekker over små forseelser. Han har trykket på de riktige knappene i folkets sjel, selv om ingenting tyder på at han er klar over – eller bryr seg om – at skatteparadiser øker ulikhet, og at ulikhet dreper.[104] Hans stadig reformerte selv har gjort utallige justeringer for å bli folkets yndling. Men nå og da ser vi glimt av den gamle Peer Gynt i Tangen, spesielt når hans tidligere liv og løgner innhenter ham. Aldri har det vært mer åpenbart enn i et HARDtalk-intervju[105] med en nådeløs og grundig forberedt Stephen Sackur på BBC i november 2021:

Sackur: Du ble leder for et statlig investeringsfond som har forpliktet seg til etisk oppførsel i alle selskaper det investerer i. Ser du på skatteomgåelse som etisk oppførsel?

Tangen: Vel, det var aldri noen skatteomgåelse, og vi bruker den samme strukturen som de fleste mennesker i Storbritannia.

Sackur: Spørsmålet er, i dagens klima med ansvarlighet og bærekraft på agendaen, at mange mener at skatteomgåelse […] er feil om det fører til at du plasserer pengene dine på steder som Caymanøyene eller Jersey. […] Du brukte å gjøre det, og mener du at det er rett i dag?

---

103 Taraldsen (2021)
104 Zuckman (2017); Bullough (2019)
105 Iternet Archive https://archive.org.details.BBCN, vår oversettelse.

Tangen: Skatt blir betalt på fortjeneste, som også er det jeg alltid har gjort [...].
Sackur: Du er en etisk investor, men har investeringer i Exxon [...].
Tangen: Vi er en etisk investor – vi er imot korrupsjon, barnearbeid [og for] skatt og innsyn. [106]

Man får lyst til å rope: «Peer, du lyver!» Men det er kanskje for sent?

Oljefondet og den norske sjelen

I en av Woody Allens aforismer heter det at mye penger er noe du trenger i tilfelle du ikke dør. Penger og udødelighet synes nå å være Nicolai Tangens livsprosjekt: å få oljemilliarder til å yngle for nåværende og kommende generasjoner. Men dette er ikke bare Tangens drøm. Det er den store, ofte ubevisste, *norske* drømmen, selv om man ikke snakker høyt om den.

På oljefondets pressekonferanse i slutten av januar 2022 fortalte Tangen hva man egentlig driver med i fondet: Man ser etter avkastning og jakter på selskapers evne til å øke profitten. Men så kom en tankevekker: I Tangens øyne er oligopolselskaper som Apple, Amazon og Google – som vil ha full kontroll over sine kunder og spesialiserer seg på å unndra skatt – «bra business»: «Det er jo derfor vi er der!»[107]

Men kan man gjøre «bra» business med de aller mest grådige selskapene som betaler aller minst skatt, og som samtidig

---

106 Ibid.
107 Bjørnestad, S. (2022, 3. februar). «Der jo derfor vi er der. Det er jo bra businesser vi har her» *E24*; se også Midttun, A. & N. Witoszek (2022).

holder festtaler om samfunnsansvar, etikk og åpenhet? Det er nok å minne om at Apple, med avanserte teknikker for skatteunndragelse, har klart å kutte skatten til et absolutt minimum i Europa, Midtøsten, Afrika og India – og i Irland til så lite som 0,005 prosent.[108] I 2018 ble Google av EU-domstolen dømt til å betale en rekordbot på 4,34 milliarder euro for å ha misbrukt sin markedsdominans innen operativsystemer til mobiltelefoner og for brudd på EUs antitrustregler.[109]

Mange av Tangens uttalelser står i skarp kontrast til oljefondets narrativ om «ansvarlig forvaltning» gjennom et eget etikkråd og grønne investeringer. Oljefondet flagger også «forventningsdokumenter» med høyverdige formål – fra menneskerettigheter og skattetransparens til antikorrupsjon og økologisk bærekraft. Dette er dyder som nordmenn flest støtter opp om, og som Tangen også forfekter.

Når vi ser nærmere på etikkrådets anbefalinger, som skal bygge bro mellom marked og moral, blir det imidlertid tydelig at de bare berører pengejaktens verste utvekster: Rådet beveger seg i fondets ovenfor nevnte moralske periferi: smultringens ring med glasur på. Man retter søkelys mot åpenbare menneskerettighetsbrudd, men overser oligopolmakt og gigantiske skatteunndragelser. Ifølge oljefondets såkalte «forventingsdokument» burde for eksempel Apple «følge hensiktsmessige og forsvarlige skattestrategier og være transparente om hvor de genererer øko-

---

108 https://www.littlelaw.co.uk/2020/07/23/not-just-one-bad-apple-tax-avoidance-in-europe/; se også Taylor, H. (2016, 30. august). «How Apple's Irish subsidiaries paid a 0.005 percent tax rate in 2014». *CNBC.com*.
109 Zalan, E. (2018, 18. juni). «EU 'tax lady' hits Google with record fine». *EUObserver.com*. https://euobserver.com/economic/142410. Interessant nok klarte EU å vinne saken mot Google; se Bie, T. (2022, 15. september). «Google tapte anken, må betale EU 41,3 milliarder kroner». *ITavisen.no*.

nomisk verdi». Det er åpenbart for alle som følger med, at Apple ikke opererer på den måten. Men innenfor oljefondet ser man ikke ut til å bry seg. Tvert imot sier sjefen at dette er god forretningsdrift. Betyr det at det offentlige Norge synes at oligopolmakt og overvåkingskapitalisme er ok? Eller at det norske samfunnet er blitt trett av sine paranoiaer om Tangen og har valgt en *villet tillit* til ham, tross sporadiske anelser om at noe ikke klaffer?

La oss stille spørsmålet på en annen måte: Jo, vi flørter med moral og ansvarlighet, og vi pynter oss med litt miljøvennlig bærekraft, men er vi i bunn og grunn en kapitalistisk investornasjon som har lite imot foretak som grovt misbruker markedsmakt og skatteparadiser? I så fall liker vi ikke å snakke høyt om det. Problemet er at Tangen ikke kan la være. Uforvarende avslører han sannheten om den norske sjelen – og dens livsløgner. Mens hans forgjengere var diskré og unngikk rampelyset, er Tangen en mediepåfugl som danser rundt i Arendal, på TED Talks og på BBC og sprer sitt ambivalente evangelium. Han elsker å fremheve oljefondets upåklagelige bærekraftprofil, men soler seg samtidig i glansen av finansielle bragder som er bygget på oligopolers hensynsløse jakt etter skattefrihet og kundeslaveri.

Hva er så løsningen? Vi synes ikke at løsningen er særlig komplisert: Skal man bekjempe massiv markedsmakt og skatteparadiser, trenger man aktiv regulering fra myndigheter som er mektigere enn markedsaktørene. Norge har ikke nok makt på den globale markedsarenaen til å håndtere denne herkuliske oppgaven. Den eneste demokratiske aktøren med tilstrekkelig styrke og gjennomslagskraft i vår del av verden er EU. Og da er vi ved en av Norges andre livsløgner: Vi nordmenn har lenge ment at vi er for gode for EU. I 1994 stemte til og med Norges filosofkonge Arne Næss nei til å bli med i EU, fordi vi ikke skulle «være medlem av en rikmannsklubb» [*sic*]. Dette skjedde riktignok et lite tiår før nordmenn *virkelig* ble rike, men i mellomtiden ble vi likevel med i EUs markeder – bare ikke i politikken.

Noen mener at tiden ikke – eller kanskje rettere sagt aldri – er moden for å foreslå en ny EU-kamp i Norge. Men for dem som vet noe om farene ved kun å tenke på verden som et finansmarked, må det være viktig å slå lag med Europakommisjonens visepresident Margrethe Vestager og andre nordiske kollegaer i det pågående reguleringspresset mot teknologigigantene. Det hjelper lite å være med i diskusjonsklubber som Organization for Economic Co-Operation and Developemnt (OECD) og FN. Det er først ved samspill med krefter som kjemper for sterkere demokratisk regulering, at oljefondet kan leve opp til interne og våre forventninger.

Når det er sagt, bør vi faktisk takke Tangen. Med sin sjarmerende dobbeltmoral og sin sterke profilering av energisk *nouveau riche* norskhet bringer han nasjonale dilemmaer frem i lyset. På den ene siden ønsker han kanskje å leve videre med et kreativt hykleri. På den andre siden vil han også vise at han har gjennomgått en moralsk omvendelse av «peergyntske» proporsjoner. Våren 2022 advarte han mot lønnsspiralen blant næringslivsledere. Og på årsmøte ved World Economic Forum i Davos i 2023 tordnet han om galopperende topplederlønninger og refset næringslivsledere for deres grådighet. Om han gjorde det fordi han har sett lyset, eller fordi han vet at oljefondet ikke lenger kan levere høy avkastning i krisetider, og at alle må spenne inn livreimen, vet vi ikke.[110]

---

110 Se NTB. (2022, 13. mai). «Oljefondssjefen ut mot lønnsspiral i næringslivet», *E24.no.*; se også Jensen, T. C. (2023, 20. januar). «Når Tangen advarer om 'meget, meget lav' avkastning bør man lytte». *DN.no.*

KAPITTEL 2

Uansett hva svaret er, sliter den norske folkesjelen under global kapitalisme med Gordon Gekkos *Wall Street*-etos, der «grådighet er bra». Både norske milliardærer og vanlige borgere – og kanskje Tangen – ønsker å være både de rikeste og de dydigste demokratene på planeten. Problemet er at så lenge det hellige oljefondet og dets nye leder – med velsignelse fra staten og det norske folk – fortsetter å støtte opp om oligopolmakt, er tangenisme og dens myter om rikdom, udødelighet og kyskhet en ren luftspeiling.

Kapittel 3

Equinors vekst og fall – og vekst

Vi har så vidt vært innom det filosofen Quassim Cassam kaller «sinnets laster», altså måter å tenke på, holdninger eller karaktertrekk som er systematisk skadelige. Slike laster blokkerer for kunnskap, undergraver det politiske rommet og tærer på demokratiet, og det å forstå dem hjelper oss å forstå verden og oss selv.[111] Vi er selvsagt klar over at det ikke bare er store selskaper, trangsynte politikere og byråkraters nytale som forringer demokratiet og undergraver fremskritt og forbedring. I hemmelighet gir vi alle etter for sinnets laster: Vi er intolerante, uimottagelige for bevis, inkompetente, forfengelige, arrogante og driver med ønsketenkning. Konklusjonen er nokså enkel: Når demokratiet forvitrer, skyldes det bare delvis kapitalismens og maktens brutaliteter. Det skyldes like mye alminnelige folks fordommer, begjær og dårskap.[112]

---

111 Cassam (2019): viii
112 Cassam (2019): vii

Cassams studie er innsiktsfull, selv om menneskesynet er noe nedslående. For vi praktiserer også «sinnets dyder»: Vi er fremsynte og forståelsesfulle, og vi har fantasi og integritet. Det er vekselvirkningen mellom klokskap og dårskap som fortjener en dypere analyse – og en slik analyse bør ikke ta for seg bare den komplekse dynamikken mellom fremskritt og tilbakegang, men også det gjensidige forholdet mellom de dydige og de syndige syklusene i menneskelig utvikling.

I dette kapitlet skal vi prøve å belyse den pågående sagaen om Equinor (tidligere Statoil) [113] som både er en lykksalig konsekvens av norske dyder, som klokskap og fremsyn og et skoleeksempel på kraften i sinnets laster. Equinor illustrerer hvordan fantasi, ansvarsfølelse, integritet og fremsyn eksisterer side om side med enfoldig arroganse, slurv, grådighet og dogmatikk. I situasjoner der politikk og butikk møtes, blir forviklingen skjebnetung.

Det finnes omfattende og kompetente studier av Statoils og Equinors evolusjon og selskapets ambivalente status som politisk verktøy; det er nok å nevne jubileumsverket fra 2022.[114] I dette kapitlet skal vi prøve å behandle Equinor mindre som et kommersielt selskap og mer som et moralsk fellesskap. En slik tilnærming er etter vår mening berettiget av to grunner. For det første har selskapet vært et av fundamentene i den moderne norske identiteten, og en fanebærer for de samme verdiene som skapte et

---

[113] I resten av denne teksten kommer vi til å omtale selskapet som Equinor, med mindre noe annet er naturlig. Motvillig må vi innrømme at vi har forståelse for navneskiftet: Statoil er et solid og presist navn, men nå til dags har verken «stat» eller «olje» utelukkende positive konnotasjoner.

[114] Thomassen, E. (2022). *Middel og mål: Statoil og Equinor 1972–2001* (Bd. 1). Universitetsforlaget; Boon, M. (2022). *En nasjonal kjempe: Statoil og Equinor etter 2001* (Bd. 2). Universitetsforlaget.

forbilde på en moderne velferdsstat. Det har også vært en institusjon som – hvor paradoksalt det enn høres ut – har strebet etter å fungere som en forlenget arm av Norges humanitære misjon ute i verden. For det andre gjør det å studere Equinor som et moralsk mikrokosmos av Norge oss bedre i stand til å definere de norske tillitspatologiene. Vi mener at disse patologiene er særlig synlige i Equinors ofte innviklede forhold til den norske staten. Relasjonen mellom staten og oljeselskapet er frapperende fordi den, som vi skal vise, er full av en overdreven, frivillig tro hos den til enhver tid sittende regjering – og kanskje hos store deler av det norske folk – på at Equinor, til og med etter katastrofale investeringer, nestenulykker og dokumenterte klimaforbrytelser, ikke er et «ondt» selskap på linje med Exxon eller Shell. Equinor er heller «den gode skurken» som alltid er i stand til å rydde opp og forbedre seg.

Vi skal også undersøke karakterprofilen og det ambivalente geniet til en av Equinors mest profilerte ledere. Helge Lund styrte selskapet fra 2004 til 2014 og er en interessant protagonist, av to grunner. For det første har han klart å skape et selvbilde av en behersket, elskverdig, snill og overrasjonell petrohøvding, og han representerer dermed noen tiltalende kjennemerker på norsk lederskap. For det andre representerer karrieren hans de siste par årtier – fra å være administrerende direktør i et oljeselskap som gjorde stygge feil i utlandet, til å miste sjefsjobben i et annet oljeselskap som gjorde stygge feil, til å bli styreformann og stjerne i BP – den sterke, reproduktive motstandskraften i sinnets laster.[115]

---

115 Treanor, J. (2016, 10. juli). «BG chief paid £5.5m for 12-month stint at firm». *The Guardian*; Ut fra daværende kronekurs fikk Lund en fallskjerm på rundt 60 millioner kroner og aksjer verdt over 100 millioner for tolv måneders arbeid i GB Group.

KAPITTEL 3

Det finnes mange måter å fortelle historien om Equinor (Statoil) på, men vi synes at fire narrativer stikker seg ut. Det første – et eventyr eller en fantasi – handler om Norges reise fra striskjorte og havrelefse til gull og grønne skoger. Dets nøkkelsymbol – pyramidale betongplattformer i Nordsjøen – støtter en av de rikeste velferdsnasjonene på kloden. Til og med en innbitt klimaforkjemper må innrømme at denne fortellingen – full av undre som trosser tyngdekraften – har formet den moderne norske identiteten, gitt den selvtillit av stål og gjort den nesten immun mot kritikk innenfra og utenfra.

I det andre narrativet er Equinor en «klimabanditt» som er livsfarlig for klodens økosystem. Denne fortellingen er skapt av profesjonelle gravejournalister, miljøforkjempere og unge klimaaktivister som ser på Equinors virksomhet som en del av den såkalte katastrofekapitalismen.[116]

Det tredje, relaterte, narrativet – om «finanscowboyer» – er pikant og slående unorsk: Her vrimler det av episoder om korrupsjon, finansielle utskeielser og spektakulær ekstravaganse.

Den fjerde fortellingen er historien Equinor har laget om seg selv. Den starter etter de store istidene og utspiller seg nå i klima- og miljøkrisenes tidsalder. Den er en fortelling om selskapets heroiske kamp for å utvide og erobre verden, fallet i unåde og – overraskende for mange av oss – føniksmetamorfosen som gjør at selskapet nå, tilsynelatende uten blygsel, kan presentere seg som pådriver i det grønne skiftet og frelser for et energiutsultet Europa.

---

116 Se Klein, N. (2008). *Sjokkdoktrinen: Katastrofekapitalismens fremmarsj* (G. Dimmen, S. Lone, H. Mehren & K. Østberg, overs.). Oktober.

Disse fire narrativene er både motstridende og organisk sammenkoblet, noe som betyr at en grundig vurdering av Equinor fordrer en balansert fremstilling av helter og skurker og alt imellom – en oppgave som ikke alltid er enkel.

Narrativ 1: fra elendighet til utopi

Statoils fødsel utenfor kysten av Stavanger – som da var en middels stor, ikke særlig rik by midt i bibelbeltet – gjør reisen til ikke-spirituell rikdom særlig pirrende. Etter at oljen begynte å sprute opp fra bunnen av Nordsjøen i 1969, ble Stavanger Norges mest sexy møteplass. Fremtiden ble skapt fremfor øynene til vanlige fromme folk, og det er umulig å forestille seg hvordan det må ha føltes for pietistiske rogalendinger: ut med gammeldagse dyder, inn med spradende, svimlende selvtillit og kjekkaseri. Unge gutter drømte om å kjøpe seg Mercedes med svensk sjåfør. Jenter begynte å snakke norsk med amerikansk aksent. Det mest interessante var at den ekstraordinære veien til rikdom var koblet til en vennlig kapitalisme med en sosial og moralsk horisont. Mens Storbritannia privatiserte oljen i Nordsjøen, til fortvilelse for mange briter både den gang og i dag, klarte Trygve Brattelis mindretallsregjering i 1972 å få et enstemmig storting til å vedta at statens oljeselskap skulle være nettopp det: et statlig selskap.[117]

Noen år senere skaffet Jens Evensen, Norges første og eneste havrettsminister og en av ikke altfor mange i det 20. århundre som burde få en statue nær Løvebakken, Norges rettigheter i Nordsjøen, som vi

---

117 Gjerde, K. Ø. (u.d.). «Stortingsvedtaket bak statsoljeselskapet». *Industriminne.no*.

kanskje ikke fortjente.[118] Uansett var den norske, statlige versjonen av oljeøkonomien mer enn glamorøs nok. Internasjonale statsoverhoder ble tatt med ut til oljeplattformene, utenlandske investorer strømmet til, og Norge ble et symbol på «sivilisert kapitalisme».

Denne nærmest magiske delen av Statoils reise til rikdom, ære og lykke ble behendig fremstilt i NRK-serien *Lykkeland*.[119] Her får vi en historie om desperasjon, nestenulykker og gjenfødelse; en historie om Norges skjebne, som rett før jul 1969 ble endret for alltid. Få nasjoner har gått gjennom en tilsvarende, altomfattende metamorfose. Alt som var smått og grått, ble stort og grandiost. De smålige fordommene i en fattig by fikk et sjokk, og småfolk ble helter over natten. Modige dykkere tok umenneskelige risikoer som de måtte vente lenge på statens anerkjennelse for. Klarsynte politikere – med hjelp fra rådgivere som irakiske Farouk Al-Kasim[120] – sørget for at det den dag i dag er nasjonen som eier oljen. Alminnelige husmødre ble forvandlet til standhaftige økonomer og ledere. Forkjempere for sosial rettferdighet svømte mot en strøm av tilsølt texasaktig grådighet.

Dette eventyrlandet er så uimotståelig at du – i alle fall for en flyktig stund – blir småsur på unge Greta Thunbergs protester mot oljeutvinningens ondskap. Du blir irritert over Extinction Rebellions teatralske krig mot det norske petroparadiset. Du vet at du skal skamme deg over din hemmelige avhengighet av oljen, men du må bare tenke at det å rive oljen ut av den nasjonale

---

118   Han ble riktignok godt hjulpet av en begavet jusprofessor, Carl August Fleischer.
119   Næss, P. (Regissør) (2018). *Lykkeland* [TV-serie]. NRK.
120   I serien *Lykkeland* er det dessverre ikke plass til den *irakiskfødte* norske geologen. Som ansatt i Industridepartementet og i Oljedirektoratet – og en usedvanlig klok rådgiver – spilte Al-Kasim en sentral rolle i oppbyggingen av petroleumsvirksomheten på norsk sokkel.

identiteten vil være nesten kjettersk; som å rive revolusjonen ut av jakobinske franske sjeler. Det ville vært et overgrep mot den heroiske mytens oljeglinsende røtter.

Det er umulig ikke å bli glad i petropionerene – glad i olje. Man får en patriotisk klump i halsen når man ser på strevet og prøvelsene i et lite samfunn som kjemper for en bedre fremtid for seg selv, for nasjonen og for fremtidige generasjoner. Gradvis forstår man den norske sjelens motsetningsfylte karakter, rotfestet som den er i både naturreligion og oljereligion. Det er som om det finnes en uskreven, mefistofelisk pakt mellom økologi og naturødeleggelse, mellom naturens og oljens skjønnhet, mellom de som dyrker praktfulle fjell, skoger og fjorder, og de som er stolte av det ildspyttende, svarte gullet – for disse er gjerne de samme menneskene.

Ingen steder er den gjensidige sammenfiltringen av historie og natur, identitet og olje tydeligere enn i norske navn på oljefelt og rigger, som i stor grad har vært inspirert av nordisk mytologi, folklore og historie.[121] Boreriggen som gjorde det første funnet, het – naturligvis – Ocean Viking. Navn på olje- og gassfelt som Troll, Snøhvit, Askeladd, Tor, Odin, Balder og Edda, maner frem bilder av heroiske bravader, eventyr og magi, overnaturlige krefter og naturens velsignelser. Atter andre – som Johan Sverdrup – udødeliggjør grunnleggerne av det norske demokratiet. Som Anne Eriksen skriver: «De eldgamle norrøne egenskapene har gått igjen i nåtiden, manifestert i en forening mellom natur fylt med ressurser og dyktige mennesker som klokt utvinner disse ressursene.»[122]

---

121 Se Ruud, L. C. (2019). «Oil as Heritage. Toponymies and Temporalities on the Norwegian Continental Shelf». *Ethnologia Scandinavica*, 49.
122 Eriksen, A. (2014). *From Antiquities to Heritage: Transformations of Cultural Memory*. Berghahn Books.

Men den norske oljesagaen er ikke så forførende bare fordi den handler om naturens rikdom, først solgt på oljebørsen og så lagret som finansformue. Historien masserer alle norske hjerter. Den spiller på en dannelsesfortelling om norske bygdetullinger – marginalisert, ja til og med mobbet – som utstøtte i de europeiske salongene. Og så oppdager salongene at de ydmyke fiskerne og bøndene ikke er tullinger i det hele tatt. Tvert imot er de smarte og oppfinnsomme – og de har talent for å lytte til den kloke naturen. Ingenting skaper mer fryd enn når alminnelige og fattige folk blir belønnet og mobberne straffet. Det er umulig ikke å legge merke til at dette askeladdscenarioet inneholder et element av en selvoppfyllende profeti: En fattig gutt – velsignet med underfundighet og flaks – utfører spektakulære bragder, får prinsessen og halve kongeriket og lever lykkelig til evig tid. Snipp, snapp, snute. Og i det oppdaterte eventyret er det bare rett og rimelig at den andre halvdelen går til Equinor.

Narrativ 2 og 3: fortellinger om miljøbanditter og finanscowboyer

I sin bestselger om menneskehetens episke søken etter olje, penger og makt viser Daniel Yergin hvordan letingen etter sikre oljeressurser har skapt politisk kaos, ført til kriger og kastet mennesker ut i elendighet og fattigdom.[123] Amerikas langvarige, strategiske allianse med Saudi-Arabia, som har de største og lettest tilgjengelige oljereservene i verden, ledet de vantros tropper nær

---

123 Yergin, D. (2012). *The Quest: Energy, Security, and the Remaking of the Modern World*. Penguin.

de hellige byene Mekka og Medina – og førte al-Qaida ut på korstog. Angrepet på tvillingtårnene i New York 11. september 2001 er det mest groteske eksemplet blant alle grusomme hendelser som skjer på grunn av olje, inkludert den katastrofale invasjonen og inkompetente okkupasjonen av Irak.[124] Hugo Chávez' populistiske revolusjon i Venezuela var avhengig av at *el presidente* kunne ta for seg av landets oljerikdom og kaste folket sitt ut i armod. Vladimir Putins invasjon av Ukraina har vært tuftet på despotens forestilling om at andre lands avhengighet av russisk energi ville stagge deres motstand mot russisk imperialisme (se kapittel 6 i denne boken).

Olje er en kraft som er som den indiske guden Shiva: både ond og god. Oljen ødelegger og redder økonomier, skaper elendighet og velstand. Oljen forurenser planeten, raserer livet på kloden og utrydder urbefolknings kulturer. Men den skaper også økonomisk vekst og teknologiske fremskritt, og den hjelper folk ut av fattigdom.

I det 21. århundre har imidlertid oljeindustriens doble natur mistet balansen og tippet over til den mørke siden. Vitenskapelige beviser for oljens påvirkning på planeten gjør at det nå blir tatt for gitt at utfasing av oljeproduksjonen er den eneste måten å få slutt på det langsomme, kollektive selvmordet i dårskapens tidsalder. Miljøaktivister og gravejournalister har blitt stadig flinkere til å kartlegge oljeselskapenes forbrytelser, dokumentere tilfeller av *ecocide (*naturmord*)* og bevise sammenhengen mellom økte CO_2-utslipp og klimakatastrofer. I Norge har de fremste forfatterne av fortellingen om Equinor som en miljøbanditt vært

---

[124] Yergin (2012)

aktivistiske miljøvernorganisasjoner som Bellona, hvis løpende rapporter pinlig nøyaktig lister opp Equinors mange unnlatelsessynder og miljøforbrytelser.[125]

Rapportene er ikke bare et arkiv over selskapets mange forsømmelser; de er også en del av den bedrøvelige fortellingen som viser at Equinor demonstrerer mange av «sinnets laster» – fra slurvete tenkning og avvising av bevis til inkompetanse, arroganse og selvbedrag. Vi leser om de fatale brannene på gassanlegget på Melkøya i 2020 og 2022 og om 19 branner på Equinors anlegg i Nord-Dakota. Vi lærer om Songa Endurance-hendelsen i 2016, som kunne blitt en av de største miljøkatastrofene i norsk historie. Vi leser om problemer med avløpsvann fra septiktanker, som fører til «fekale bakterier som spres i luften […], forurenser vannet og gir en betydelig smitterisiko for de ansatte».[126] Vi studerer Miljødirektoratets og Riksrevisjonens knusende kritikk av Equinors håndtering av oljelekkasjene på Mongstad-raffineriet. Vi finner ut at vernetjenesten varslet Petroleumstilsynet, som varslet regjeringen – uten at noe skjedde.

Stikkordene i Bellonas rapporter er sløsing, slurv, mangel på internkontroll, brudd på arbeidsmiljøloven, ambisjoner som overgår kompetansen, og likeglade responser på varsler om alvorlige situasjoner. Staten hadde tillit til Equinor. Og den så ut til å akseptere at styre, ledere og aksjonærer levde som nonchalante guder på Olympen, hevet over vanlige menneskers jordiske, svette prøvelser.

---

125 Vi bruker en kompilasjon av Bellona-rapporter publisert av Eivind Berstad, se under «Artikler» på Eivind Berstad. *Bellona.no*

126 Madsen, L. B., Ånestad, M. & Melgård, M. (2020, 6. mai). «De hemmelige Equinor-rapportene». *Dagens Næringsliv.*

Equinors mangfoldige intellektuelle laster ble fortiet eller holdt halvhemmelig av de høyere maktene – inntil det uunngåelige skjedde: 6. mai 2021 publiserte *Dagens Næringsliv* en omfattende reportasje om selskapets bisarre fremferd i USA. Spektakulære overskrifter om selskapets forseelser og forbrytelser var ikke til å misforstå:

> Equinor har tapt over 200 milliarder kroner i USA. Nå forteller ansatte om sløsing, rot og en rekke advarsler som ble sendt til ledelsen. Ukjente bankkontoer og trailere på jakt etter kvitteringer har vakt oppsikt selv blant olje-cowboyer i Texas. Dette er historien om et statskontrollert, norsk oljeselskap som skulle erobre USA. Og en kalkun som kostet 700.000 kroner.[127]

Equinors ekstravagante utskeielser i Houston – der selskapet leide en kontorbygning med 23 etasjer – inkluderte astronomiske lønninger, overdådige frynsegoder og luksusbiler. Ifølge en av Equinors internrevisorer hadde Equinor ikke bare tapt enorme beløp i USA mellom 2013 og 2020; konsernet var heller ikke i stand til å legge frem dokumentasjon som rettferdiggjorde utgiftene – inkludert halvannen million dollar i kredittkortgjeld. For å helle mer olje på bålet, satset selskapet dessuten stort på hydraulisk oppsprekking, bedre kjent som *fracking*, som truer miljø, helse og urbefolkningers fremtid.[128]

Etter at skandalen var et faktum, stilte talspersoner fra Equinor, bransjefolk, analytikere og journalister ulike diagnoser. Ifølge Robert Gronwaldt, en internrevisor i Equinor, var oljeselskapet

---

127 Ibid.
128 *Fracking* er en utvinningsmetode som krever enorme vannmengder og forurenser grunnvannet; Madsen, Ånestad & Melgård (2020)

rammet av en vanlig form for hovmod: Det var ikke nok bare å være en gigant på den norske kontinentalsokkelen; det var naturlig å drømme om å være en tungvekter i den internasjonale oljeindustrien. «Her i Amerika var Statoil et lite selskap, men med store vyer og tanker om seg selv», ifølge Gronwaldt.[129] Equinors talsmann, Bård Glad Pedersen, innrømmet at toppledelsen «brukte penger som ikke burde blitt brukt», og at utgiftene var for høye, men forsvarte det med at andre i industrien også hadde utgifter som var for høye. Men han understreket også at Equinor hadde «undervurdert» hvor komplisert og dyrt det ville være å investere i landbaserte olje- og gassprosjekter, særlig *fracking* av skifergass og oljeutvinning i Texas, Nord-Dakota og ved Mexicogolfen.[130]

Oljelobbyisten Jarand Rystad forsvarte de gigantiske tapene og hevdet at:

> Det å ha vilje og mot til å utnytte norsk kompetanse og kapasitet [internasjonalt] er på mange måter motoren i det norske velferdssamfunnet. Slik satsing er langt fra risikofri, men om man ikke prøver vil man i hvert fall ikke lykkes. […] USA var da midt i blinken, med lav politisk risiko, store offshore oljefunn, et gunstig skatteregime og et attraktivt gassmarked. ».[131]

Ergo var kritikken av Equinors problemer i USA «ute av proporsjoner (Rystad 2020).

Vi mener ikke at disse motstridende diagnosene er feil, men de sier lite om Equinors sløsing, juks og slurv som uttrykk for

---

129 Dagens Næringsliv. (u.d.). «Equinors tidligere internrevisor: - Det var komplett mangel på kontroll», video. *DN.no*; se også Madsen, Ånestad & Melgård (2020)
130 Madsen, Ånestad & Melgård (2020).
131 Rystad, J. (2020, 2. november). Innlegg: «Perspektivløs kritikk av Equinors USA-virksomhet». *Dagens Næringsliv*.

«sinnets laster» – tegn på arroganse, immunitet mot fakta og mangel på forestillingsevne. Alle disse lastene forenes i et selskap som åpenbart har blitt så beruset av sin egen rikdom og makt at det – som alle «bullshittere» – ser ut til å ha mistet bakkekontakten. «Bullshitteren» trenger ikke å avfeie sannheten – han gir rett og slett blaffen i den.[132] Slik kunne omtanken og selvbeherskelsen som opprinnelig hadde definert «den norske drømmen», bli forvrengt til en obskøn versjon av den amerikanske drømmen.

Det store spørsmålet er hvorfor Equinors mange laster har blitt tolerert og tillatt av hovedaksjonæren, altså den norske staten. Rapportene fra Riksrevisjonen har vist at tapene i USA skyldtes en dårlig ledelse, som både misforsto markedet og var udugelig i organiseringen av sin virksomhet på land. Kort sagt: Ledelsen var inkompetent, og styret var ikke ansvaret voksent. Men i staten har man ikke akkurat vært overivrig etter å kalle Equinors styreledere inn på teppet. I stedet har hovedaksjonæren fornyet styremedlemmenes mandat og akseptert tapene, den feilslåtte strategien og den dårlige planleggingen. Equinor-saken ble gjenstand for høringer i kontroll- og konstitusjonskomiteen, som stilte kritiske – og fornuftige – spørsmål. Men det ser ikke ut til at det har fått konsekvenser i det virkelige liv: Høringene skapte en luftig, moralsk fasade som var like illusorisk som Potemkins kulisser.

Har Equinor hatt ubegrenset tillit fra staten? Er selskapet uangripelig i norsk politikk? Kåre Willoch mente nettopp det. Han sa i 2005:

> For å begrense mulighetene for overmakt i dette statsselskapet etablerte man et system for parlamentarisk kontroll med det, med

---

[132] Cassam (2019): 80.

årlige stortingsmeldinger og debatter om hva oljeselskapet skulle gjøre. Det måtte bli illusorisk [...]. Statseide forretningsforetak lar seg ikke forene med tanken om nasjonalforsamlingen som den reelt øverste myndighet over all statlig eiendom og virksomhet.[133]

I et psykologisk perspektiv har statens tillit til Statoil vært altfor nært knyttet til statens tillit til seg selv – som i et slags «yin og yang»-forhold. Å granske Statoil har vært som å granske seg selv, og å avsløre Statoils synder ville vært som å stille ut den norske statens skitne undertøy: en *no-go*, med andre ord. Fra et pragmatisk ståsted har det utvilsomt vært mindre arbeidskrevende å dyrke uendelig tillit til et mektig og uryddig selskap enn å stille kritiske spørsmål. Man foretrakk å ikke vite, og når man visste, valgte man å tilgi, slik trumpianere tilgir Donald Trump alt fra *pussy grabbing* til skatteunndragelser og direkte angrep på det amerikanske demokratiet. Fra et kognitivt ståsted er norske regjeringers passivitet vis-à-vis Equinors forbrytelser en klassisk tillitspatologi: en villet, pseudorasjonell beslutning om å stole på det ustyrlige selskapets vilje til å «rydde opp» og stå opp fra omdømmedøde. *Statoils* mytologi – skapt av heroiske dykkere, plattformarbeidere, Arbeiderpartiet, fagforeninger og NRK – har også vært *statens* mytologi og det norske *folkets* mytologi. Å stille spørsmål ved denne trippelmytologien ville mest av alt være en trettende øvelse i sadomasochisme.

Før vi diskuterer det intrikate forholdet mellom Equinor, staten og folket videre, skal vi dvele litt ved en av nøkkelkarakterene i selskapets luksuriøse og uaktsomme drama.

---

133 Willoch, K. (2005, 2. juni). «Oljerikdommen og tiden efter». *Virksomme ord.*

Narrativ 4: Helge Lund som legemliggjøring av en uangripelig tillit

Helge Lund var Statoil-sjef fra 2004 til 2014, og en av de siste du ville ha assosiert med Houston-skandalen. Han er definitivt ingen cowboy. Han er en besnærende, lavmælt, men viril og – fremfor alt – *tillitvekkende* norsk leder som vet hvem han er, og hvor han skal, eller som i alle fall mestrer kunsten å late som. Til forskjell fra Nicolai Tangen streber ikke Lund etter å være en guru eller mentor. Det finnes ingen siterbare aforismer i hans intervjuer. Vi ser bare den rolige selvtilliten til en mann som har perfeksjonert kunsten å få folk til å stole på seg. Du må jobbe hardt for å forstå at det ligger traumer og skrammer fra motgang under den beherskede og optimistiske overflaten. Men i Lunds tilfelle har motgang blitt overvunnet av veldige ambisjoner og en uhemmet appetitt på suksess.

I 2010 ble han spurt om sin visjon for selskapet:

> En av mine ambisjoner er å forvandle Statoil fra å være et regionalt til å bli et globalt selskap. Etter 40 år med oljeutvinning under svært vanskelige forhold, kan vi nå bruke erfaringen og teknologien vår til å skape verdier for aksjeeiere også utenfor Norge: USA, Mexico-golfen, Brasil, Vest-Afrika, Aserbajdsjan og Nord-Afrika.[134]

Og hva ga ham en fordel overfor konkurrenter og andre globale storaktører? Svaret kunne ikke ha vært mer norsk:

> Vår historie som et nasjonalt oljeselskap gjør at vi forstår de ulike aspekter som de nasjonale selskapene, og politikerne, i regionen

---

134 Institut Européen d'Administration des Affaires. (u.d.). «Helge Lund, CEO Statoil» [Video]. *YouTube*, vår oversettelse.

står overfor. Det andre er at vi har erfaring i å utvikle og iverksette den nye teknologien. Det neste er vår åpenhet [...] når vi forhandler med partnerne våre.[135]

På spørsmål om hva som var de viktigste elementene i lederskap, nevnte han integritet, evnen til å gjennomføre prosjekter, ansvarlighet, selvinnsikt og evnen til å inspirere andre. Godt svar – og vi tror på ham. I forbifarten sa han også at han hadde vært politisk rådgiver i tre år: «Vi kan like det eller ikke, men oljeindustrien er en politisk industri, så du må forstå verden rundt deg.»[136] Det kreative ekteskapet mellom politikk og butikk har sikkert vært lønnsomt, men hva med dets evne til å fremme integritet og ansvarlighet?

I et intervju med *Financial Times* to år senere spilte Lund erfarent på norske dyder. Da han ble spurt om hva som fikk ham ut av sengen om morgenen, svarte han at det ikke var Statoils aksjekurs, men ønsket om å «bidra til samfunnet som det hele».[137] Nestekjærlighet og penger – det er det norske *tao*; en esoterisk kraft hvor altruisme og fossil energi går opp i en større enhet. Olje og gass har naturligvis «en viktig rolle å spille i arbeidet med å få folk ut av fattigdom». Og siden Lund er norsk, la han selvsagt til hvor viktig idrett er, ikke bare som en fysisk øvelse, men som en måte å se verden på: «De beste atletene er de som er mest nysgjerrige, mest villige til å lære fra andre.» Det er det samme i næringslivet: «Det viktigste er å ikke bli selvtilfreds, å alltid være nysgjerrig.»[138]

Problemet er bare at han ikke var nysgjerrig nok.

---

135 Ibid.
136 Ibid. Lund var politisk rådgiver for Høyres stortingsgruppe fra 1988 til 1990.
137 Chazan, G. (2012, 29. juli). «Norway's force in the oil world». *Financial Times*, vår oversettelse.
138 Chazan (2012)

I løpet av sin tid i Statoil lyttet ikke Lund til risikoanalytikere som advarte ham mot å gjøre store utvidelser i selskapets operasjoner i utlandet, inkludert dårlig uttenkte investeringer i Mexicogolfen og utenfor kysten av Brasil, i råolje- og gassprosjekter i USA og, mest kontroversielt, i klimafiendtlige oljesandprosjekter i Canada (mer om dette senere i kapitlet). Kanskje han visste at valget uansett var mellom pest og kolera – afrikansk korrupsjon eller skitten kanadisk oljesand? Korrupsjon eller skitt? Han valgte i alle fall skitt.

Men vent: Før han valgte skitt, hadde han fremsnakket Statoils operasjoner i Angola og Aserbajdsjan. Tapene i Angola var på rundt 291 millioner kroner til uspesifiserte sosiale prosjekter, og 400 millioner som tilsynelatende gikk til et forskningssenter – og forsvant. Men daværende oljeminister Tina Brus uttalelse utstrålte en urokkelig patologisk tillit til selskapet. Hun snakket optimistisk om Equinors sosiale bidrag i Angola, og konkluderte at det var «[b]ra at selskapet ikke ville inngått slike avtaler i dag».[139]

I etterkant insisterte Lund på at Statoil «gjorde grundige vurderinger før de angolanske kontraktene ble signert i 2011». Det gjorde Statoil, så klart. Men da han ble presset av Stortingets kontroll- og konstitusjonskomité, innrømmet han: «Jeg skulle ønske i dag at vi hadde lagt [inn bedre] kontrollmekanismer og oppfølgingsmekanismer.»[140] Han sa mer eller mindre det samme i sin «tilståelse» om Statoils pengesløsing i Houston: «Jeg

---

139 Fjellberg, A., Myrset, O. & Elvevold, E. B. (2021, 19. mars). «Tina Bru om Equinor i Angola: – Bra at selskapet ikke ville inngått slike avtaler i dag». *E24.no*.

140 Stortinget. (2021, 26. februar). Referat fra åpen høring i kontroll- og konstitusjonskomiteen om Riksrevisjonens undersøkelse av Olje- og energidepartementets oppfølging av Equinors utenlandsinvesteringer. Møtereferat. *Stortinget*: 9. https://www.stortinget.no/globalassets/pdf/referater/hoeringer/2020-2021/refh-202021-02-26.pdf

ergrer meg nå i ettertid [over] at vi ikke så det tidligere [...].»[141] Interessant nok brukte han i de fleste forklaringene ordene «god» og «bra», som et enkelt, men effektivt retorisk grep:

> Jeg mener Statoil og Equinor har en meget *god* bedriftskultur. Jeg mener at kulturen i USA var *bra*. [...] Basert på den kunnskapen vi hadde da, og basert på andre transaksjoner i markedet, så gjorde vi *gode* transaksjoner på det tidspunktet. [...] Jeg har også pekt på at det er noen områder hvor jeg mener vi burde ha gjort det bedre, selv om det var mange ting organisasjonen gjorde *veldig bra*.[142]

Leseren sitter igjen med en ubehagelig følelse av at dette er en *god* mann med *gode* intensjoner som ga katastrofale resultater; en norsk sjelelege som vet hvilke åndelige knapper han skal trykke på, men skriver ut piller som gjør deg sløv og deprimert.

I et intervju i 2014, noen måneder før han gikk av, understreket Lund at verden trenger energi: «Vi må huske at 1,6 milliarder mennesker ikke har tilgang til elektrisitet i dag. Vi må sørge for å skaffe mye mer energi til den globale befolkningen.»[143] Etter hans mening var ikke løsningen på klimakrisen særlig komplisert: «Om du setter den rette prisen på CO_2-utslipp vil markedskreftene finne en løsning så raskt som mulig.» Markedskrefter er nøkkelen, og naturgass er en mirakelkur for den syke planeten: «Jeg ser en viktig rolle for gass. Å gå til angrep på ressursene,

---

141 Solle, E. L., Tollersrud, T., Sættem, J. (2020, 25. juni). «Helge Lund om pengesløsingen: – Jeg ergrer meg nå i ettertid at vi ikke så det tidligere». *NRK Norge*.
142 Ånestad, M., Madsen, L. B. & Melgård, M. (2020, 25. juni). «Tidligere Equinor-sjef Helge Lund snakker ut om USA-tapene: – Jeg skulle vært hardere i klypa». *DN.no*, vår kursivering.
143 Center for Strategic & International Studies. (2014, 6. mai). «A Conversation with Helge Lund, President and CEO, Statoil», vår oversettelse.

å gjøre gassen mer mobil. Når det er sagt, bør vi bruke mange gode folk og mye kapital på fornybare ressurser [...].»[144]

Det høres virilt, dristig og beslutsomt ut å «gå til angrep» på ressurser. Andre favorittmantraer er «vekst», «utvikling», «marked» og «effektivitet». Lunds Ole Brum-filosofi er basert på å få i både pose og sekk: Folk trenger ikke å bekymre seg for klimakrisen, for markedene vil gjøre jobben. Effektiviteten kan oppnås uten at vi forandrer livsstil.

Spørsmålet er: Kan vi fremdeles ha tillit til denne mannen? Absolutt, mente sjefene i BP, som ga ham styrelederjobben i 2019. Til tross for alle feilskjær og med en uhelbredelig optimisme fikk Helge Lund en bedre betalt stilling i et selskap som skryter av å være ferdig med olje, men som i virkeligheten gjør mer av det samme, på samme sted, på samme måte, bare pakket inn i en ny, glatt og grønn brosjyre.

Når det er sagt, var ikke Lund den første Statoil-sjefen som gjorde alvorlige feil, og det vil garantert komme Equinor-topper etter ham som vil være enda mer oppfinnsomme på tabbefronten. Men han var den første sjefen i selskapets historie som gikk av på eget initiativ – ikke fordi regjeringen ville det, men for å ta en enda bedre betalt jobb. De andre sjefene fikk sparken, men ikke Lund. Noen av oss husker responsen på Mongstad-skandalen mot slutten av 1980-årene: Den gangen måtte både styret og sjefen gå. Det er vanskelig å se for seg at det kunne ha skjedd i dag. Statoil under «Helge den gode», og ulike regjeringers forhold til selskapet og til ham i denne perioden, er i det hele det kanskje

---

144 Ibid.

mest slående av alle eksempler på hvor uransakelig – og raffinert – den særegne norske formen for tillitspatologier er blitt.

Den norske stat som Pontius Pilatus

Equinor er et astronomisk lønnsomt selskap. Fra 2001 til 2019 var inntjeningen på ufattelige 1826 milliarder kroner. Bare 43 av disse milliardene ble imidlertid hentet i utlandet. 97,6 prosent av pengene ble tjent inn på norsk sokkel, selv om selskapet på et tidspunkt hadde operasjoner i nesten 40 land.[145] I en innsiktsfull analyse hevder statsviteren Øystein Noreng at selskapets ambisjoner i utlandet overgikk kompetansen, men ble godtatt av selskapets styre, mot forbehold fra de ansatte. «Spørsmålet er enkelt», skriver Noreng: «Hvem foreslo investeringer? Når? På hvilket grunnlag? Etter råd fra hvem? Hvordan var oppfølgingen og kvalitetssikringen?»[146]

Konklusjon er krystallklar. Equinors (Statoils) feilsatsing og store tap i USA viser at selskapet har hatt for mye penger og for stor handlefrihet, og at den dominerende eieren – staten – har vært fornøyd og dermed passiv (eller omvendt). «Hovedaksjonæren hevdet intet å vite, har intet villet vite og har derfor intet spurt. Det er også påfallende at hovedaksjonæren i årevis ikke har finlest årsrapportene.»[147]

---

145 Noreng, Ø. (2022). *Hvor er pengene? Hos Equinor!* (Working paper); se også Noreng, Ø. (2021, 1. februar). «Equinors satsing og tap i USA viser at selskapet har for mange penger og for stor handlefrihet». *TU.no*.
146 Noreng, «Hvor er pengene?»
147 Noreng, «Hvor er pengene?»

Det er ikke tvil om at Noreng treffer en nerve. Det er heller ikke tvil om at den norske stat er medskyldig når selve flaggskipet blant nasjonens mange stolte selskaper kan være uaktsomt, slurvete i sin rapportering og gjøre alvorlige feilvurderinger av risiko i utlandet, uten at det egentlig har fått noen konsekvenser. Som sagt har det vært et bevisst valg av det offentlige Norge ikke å legge seg bort i Equinors (Statoils) fadeser, men i stedet stole på selskapets evne til å skjerpe seg og renske opp. For å henvise til Kåre Willoch igjen: Har Statoil vært «en stat i staten»?[148]

Den norske statens passive holdning til Equinor dreiet seg imidlertid om mer enn politikk og butikk. Den handlet også om logistikk. Som en av våre informanter – en erfaren diplomat (som foretrekker å forbli anonym) sa: «Hvilke reelle muligheter har stat og storting til å kontrollere et selskap som har over 20 000 ansatte? Kan de overvåkes av 20 personer i departementet og 15 personer i Petroleumstilsynet?»[149] Nåværende næringsminister Jan Christian Vestre var enig med sine forgjengere da han erklærte: «Vi som eier kan ikke gå inn og detaljstyre selskapet.»[150] Men det er også en annen årsak til at oljeselskaper tilsynelatende er usårlige, uansett hvilke tabber de gjør, og uansett hvor tvilsom etikken er: Når de signerer kontrakter med korrupte diktatorer, gjør de det *fordi de kan*. Staten gir dem *carte blanche* – inntil de er fanget. Alt er ok så lenge de ikke bryter lover i landet de opererer i. Når selskaper som Equinor i tillegg vet at

---

148 Et av Willoch-regjeringens ankepunkter mot Statoils posisjon i norsk oljevirksomhet var at selskapet «truet demokratiet ved å bli en 'stat i staten'»; se Krogh, F. E. (u.d.). «Vingeklippingen av Statoil». *Industriminne.no*.
149 Personlig kommunikasjon, våren 2022.
150 *Dagens Næringsliv*, 23. mars 2022.

KAPITTEL 3

den til enhver tid sittende regjeringen kan oppheve statens eierskapspolitikk overfor selskapet, kan de behandle investeringer som risikosport; det er farlig, men du verden så spennende![151]

Men det finnes et annet spor som peker mot «sinnets laster», og som har bidratt til følelsen av ufeilbarlighet i Equinor. Selskapets informasjonsdirektør Sissel Rinde sier: «Generelt har vi vært opptatt av å bidra på en positiv måte i de landene vi har aktivitet, være en god arbeidsgiver, fremme åpenhet og våre verdier, selv om det nok er negativt at Aserbajdsjan har meldt seg ut av EITI.»[152] Å fremme «norske verdier» er et uttrykk som ofte brukes i slike sammenhenger, og som er nyttig fordi det gir en legitim, moralsk forklaring på suspekte handlinger.

Av og til blir det påstått at det er norsk «naivitet» som styrer regjeringens støtte til Equinors investeringer – og tap – i diktaturer og kleptokratier som Aserbajdsjan, Angola og Russland, der ledere og oligarker stjeler fra landet og folket. Men det er ikke naivitet. Det er pragmatikk. I 2013 hadde Espen Barth Eide, daværende utenriksminister og nåværende klima- og miljøminister, en «god samtale» med Aserbajdsjans diktator Ilham Alijev. Eides diagnose var følgende:

---

151 Stortingets kontroll- og konstitusjonskomité sendte brev til daværende olje- og energiminister Tina Bru, se Fjellberg, A., Myrset, O. & Elvevold, E. B. (2020, 17. september). «Må svare om Equinors Angola-betalinger etter E24-saker». *E24.no*; Komiteen ville vite hvordan Equinor-saken var fulgt opp. Bru ville svare på brevet, men sa at i enkeltprosjekter utøver departementet statens eierskapspolitikk; se Øvrebekk, H. (2020, 17. september). «Equinors tvilsomme pengebruk». *E24.no*. https://e24.no/energi-og-klima/i/JJ1Bd7/maa-svare-om-equinors-angola-betalinger-etter-e24-saker

152 Oterholm, D., Madsen, L. B., Melgård, M. & Ånestad, M. (2022, 22. mars). «Slik var Equinor døråpner i Aserbajdsjan» *Dagens Næringsliv*. Extractive Industries Transparency Initiative er en global standard for god styring av olje-, gass- og mineralressurser.

Det var ikke et øyeblikk av naivitet om at dette landet ikke var demokratisk eller at presidenten var demokratisk valgt. Men vi vurderte at det var riktig å ha kontakt med dem fordi Alijev på den tiden markerte seg på en måte som i alle fall i økonomisk forstand beveget seg vestover. Det var en motvekt mot Putin som ville ha en eurasisk region.[153]

Eksemplet viser en egenartet norsk uvane: En underbevisst tro på at Norge ved sitt blotte nærvær skal ha en slags magisk effekt på dårlige mennesker og forvandle dem fra *bad guys* til *good guys*. En av Jan Christian Vestres uttalelser er typisk i så måte: «Tanken er også at å gå inn i land med utfordringer kan føre til forbedringer.»[154] Viser han til Telenor, som sørget for slike forbedringer, blant annet gjennom sin støtte til feminisme og kvinnekultur i Usbekistan ved å finansiere forretningene, veldedighetene og popstjerneambisjonene til diktatorens fargerike datter, Gulnara Karimova?[155] Eller sikter Vestre til penger som Norge har gitt til diktatorsønners fotballklubber for å foredle individer og lære dem å spille kollektivt?[156]

Alexandra Gillies, statsviter og ekspert på korrupsjon i oljeindustrien, har et helt annet perspektiv: Den «moralske trafikken» går ikke én vei, der Norge befrukter diktaturer med sin «godhet». Det er snarere omvendt: Det er «de norske verdiene» som blir besudlet, og norske selskaper som blir del av den korrumperte verdenen.[157]

---

153 Oterholm, D., G., Madsen, L. B., Melgård, M. & Ånestad, M. *et al* (22. mars 2022) «Næringsministeren etter et møte med Equinor: -Jeg var ganske tydelig og oppfordret styreleder til å være så åpen som mulig». *Dagens Næringsliv*.
154 Ibid.
155 Sættem, J. B. & Helljesen, S. (2015, 3. november). «Slik havnet Telenor i klisteret i Usbekistan». *NRK.no*.
156 Johnsen, L. (2022, 24. februar). «Sportsvasking på norsk». *Josimar*.
157 Gillies. A. (2020). *Crude Intentions: How Oil Corruption Contaminates the World*. Oxford University Press.

KAPITTEL 3

Som tidligere nevnt har Equinor hatt klarsynte varslere som har sagt fra om risiko og mulige tap. Da Hans Henrik Klouman, en juridisk direktør i Equinor, varslet styret om farer ved investeringer i diktatoriske regimer, ble han anklaget av styreleder for å gi et «ensidig og ufullstendig bilde av vesentlige forhold ved selskapets forutsetninger for å vurdere og behandle risiko».[158] Behandlingen av Klouman er et interessant underkapittel i fortellingen om norske tillitspatologier. Han ble selskapets Kassandra – den som alltid hadde rett, men som aldri ble trodd. Han tok jobben sin på alvor og pekte på ting som ikke var bra nok, eller som kunne gå galt. Og det gikk galt – særlig for Kassandra, selvsagt. Klouman mistet tilliten fra styret og ble fratatt ansvaret for at Equinor overholdt lover og regler. Flere i selskapet skal ha ment at den eksterne granskingen av Klouman – bestilt av ledelsen – var et smart grep for å «holde saken borte fra media, unngå uro i organisasjonen og bli kvitt en brysom medarbeider».[159] Næringsministeren påsto at det var en intern personalsak. Det viktigste var at Stortingets tillit til at Equinor evnet å rydde opp, holdt stand. Riksrevisjonen fant lite eller ingenting om risiko i Equinors interne notater.[160] Varsleren ble straffet. Kosefjøset vant. Snipp, snapp, snute.

Det mest foruroligende i Klouman-saken er ikke det moralske vakuumet som oppstår når folk blir straffet for å ha rett. Det som står på spill, er demokratiske strukturers evne til å korrigere

---

158 Intervju med Klouman, mars 2022; se også Ånestad, M. & Madsen, L. B. (2022, 30. november). «Tidligere juridisk direktør Hans Henrik Klouman i Equinor: Klager inn advokat som gransket ham». *DN.no*.
159 Samtale med Cato Schiøtz, våren 2022.
160 Oterholm, G., Madsen, L. B., Melgård, M. & Ånestad, M. (2022, 17. mars). «Riksrevisjonen fant nesten ingenting om risiko i regjeringens Equinor-notater». *DN.no*.

seg i en petrosfære hvis mektige voktere er mer ufeilbarlige enn Vatikanets paver. Varsler blir utvannet og trivialisert. Rapporter blir ikke lest. Og den norske staten – den eneste instansen som kan stille krav og endre regelverket – velger, som Pontius Pilatus, å toe sine hender og holde samvittigheten ren ved å avstå fra å bruke sin eiermakt.

Ettertanke: Ikke se nå

Det sies at folk i den ofte giftige, politiske virkeligheten blir motstandsdyktige mot både sannheter og trusler. Men det motsatte poenget er også gyldig. I en stadig mer komplisert verden velger vi å ha tillit til bestemte aktører og verdenstolkninger – inkludert tolkninger som gjør at vi kan fortsette å kultivere lastene våre. I filmen *Don't Look Up* – en undervurdert satire over tillitspatologier – oppdager to astronomer en komet på størrelse med Mount Everest som truer med å ødelegge kloden.[161] I stedet for å prøve å finne kompetente og pragmatiske løsninger blir det krangel om hvorvidt kometen er ekte, om hvordan man kan tjene penger på den, og om hvordan den kommer til å påvirke det neste valget.

Polariseringen blir total. Den ene «siden» (for dette handler egentlig om propagandateknikken der det alltid finnes to sider, som begge har «like rett», helt uavhengig av fakta) skriker: «Ikke se opp.» De andre skriker om det kommende ragnarok. Og de (vi?) som baserer seg på fakta, får selvsagt rett til slutt – når det er for sent.

---

161 McKay, A. (Regissør). (2021). *Don't Look Up*, film. Netflix.

Den norske oljeindustrien – og den norske staten – har valgt å holde seg for øynene. Denne strategien fører utvilsomt til mindre hodebry og tillater Norge å fortsette med sitt behagelige selvbedrag. Men først og fremst er strategien *lønnsom* – i alle fall på kort sikt. Det har vært skrevet flere håpefulle nekrologer om oljealderen, hvis endelikt i så fall skal komme på grunn av lave priser, at gjenværende fossile ressurser blir for dyre å utvinne, at vi går over til fornybar energi i stor skala, eller en klimaapokalypse som omsider vil vekke opp oss borgere i verden fra vår halvsøvn. Men paradoksalt nok, i det tredje tiåret i det 21. århundre, har den sterke koblingen mellom geopolitikk og energi ført til en gjenoppliving av oljeindustrien.

Putins invasjon av Ukraina førte til skyhøye olje- og gasspriser, og til at oljepengene fosset inn i den norske statens pengebinge. Den norske oljen var allerede i ferd med å bli gjenfødt, både som en frelser for «siviliserte» og energisultne deler av verden og som en gullkalv for nasjonen. Norske oljeindustriarbeidere, som for bare noen år siden ble sett på som bortskjemte overforbrukere med for mye fritid, har gjenvunnet selvtilliten. Og «hydrokarbonister» – som uten å skamme seg peker på at 85 prosent av strømmen i verden kommer fra olje og gass – har fått tilbake troen og stoltheten.[162] Ikke bare er den norske oljen snillere og mindre besudlet av krig og folkemord; den redder faktisk Europa. Eller som olje- og energiminister Terje Aasland sa det, med en formulering som er akk så norsk: «Energitrygghet, stabilitet, forutsigbarhet og langsiktighet blir viktig for Europa når de [*sic*]

---

162 Holm, E. D. (2022, 6. mai). – «Jeg tror dette kan bli helt fantastisk». *DNB Nyheter*; *Dagens Næringsliv*.

skal sette [sanksjoner mot Russland] ut i livet. De er avhengig av tillitsfulle og stabile leveranser [...].»[163]

Implisitt i Aaslands uttalelse ligger det at Norge altså ikke egentlig er del av Europa, og at oljen ikke lenger er den gamle, skitne oljen. Den «nye» oljen er nå stabil, trygg og forutsigbar.[164] En mirakuløs metamorfose er i gang. I løpet av de siste 50 årene har den norske oljen gått gjennom fire stadier:

1. Olje er fantastisk.
2. Olje er visst ikke så bra likevel, vi trenger «ren» olje.
3. Olje er veldig dårlig, vi må slutte å produsere den.
4. Olje er en frelser for miljø og klima.

Kort sagt har vi rykket tilbake til start – uten å gå i fengsel og uten å betale noen bot. Tvert imot har vi fått friske penger fra banken hele tiden, og vi fikk bygge hotell på Rådhusplassen før de andre kastet de første terningene. Olje er igjen fantastisk, for vi har «ny» norsk olje. «Den nye oljen» er mer enn bare en talemåte. Den viser til oljen som den *de facto* paradoksale motoren i det grønne skiftet. Equinors nettside proklamerer stolt: «Vi leter alltid etter energi for morgendagen. Mens vi beskytter morgendagens klima.»[165] Denne proklamasjonen er selvsagt *bullshitting* på særdeles høyt nivå, men det sier likevel noe om hvordan Equinor – og staten og kanskje til og med store deler av det norske folk – har klart å justere fortellingen om seg selv. I de reviderte nasjonale mytene vil *mer*

---

163 Henmo, J. & Mejdal, S. B. (2022, 7. mai). «Utvikle, aldri avvikle». *Klassekampen*.
164 Holter, M. (2022, 10. mai). «'Olje er den nye oljen': Nå føler Norges største industri seg som helter igjen». *DN.no*.
165 Equinor. (u.d.). «Renewable energy and low-carbon solutions». *Equinor.com*, vår oversettelse.

utvinning av olje og gass være bra for klimaet. For å gå tilbake til den selvsikre og optimistiske Helge Lund fra hans tid som Statoilsjef: «[Karbonprisingen i Norge gjør at vi] slipper ut 60 prosent mindre CO_2 per fat enn verdensgjennomsnittet. Og på toppen av det har vi mer enn tolv års erfaring med CO_2-fangst og lagrer den i et reservoar offshore.»[166] Den samme logikken så vi da Aasland i januar 2023 åpnet for en haug av nye olje- og gassfelt i nord, blant annet for å hjelpe «Europa» gjennom den akutte energikrisen – selv om de nye feltene neppe vil kunne produsere før vi nærmer oss år 2040.[167] Statssekretær Andreas Bjelland Eriksen i Olje- og energidepartementet insisterte på at en løsning på klimakrisen er «helt avhengig av gass fra Norge», men han ble raskt irettesatt av den resolutte lederen i Natur og Ungdom, Gina Gylver, som påpekte at forslaget slett ikke begrenset letingen til gass alene.[168]

Uansett: I oljeeuforien har den norske staten, gjennom sin leterefusjonsordning, kompensert boring av nye brønner, noe som betyr at 78 prosent av kostnadene blir utbetalt av staten, altså deg og meg, til selskaper som ikke betaler skatt i Norge – uten noen forpliktelse til å betale noe tilbake hvis inntektene uteblir i fremtiden, og uten oversikt over om pengene blir brukt på det de skal brukes til.[169] Å fortsette å lete etter olje vil nemlig føre

---

166 Switch Energy Alliance. (u.d.). Helge Lund, «The Switch Interview», video, vår oversettelse.
167 Rydje, O. M. & Holter, M. (2023, 24. januar). «Regjeringen vil utvide områdene for oljeleting i nord». *DN.no*.
168 NRK. (2023, 24. januar). «Dagsnytt 18 – Ny oljeleting i Nordsjøen». *NRK.no*. Det er også usikkert om de nye feltene er særlig attraktive for oljeindustrien. Tornås, K. A. & Øvrebø, E. F. (2023, 24. januar). «Regjeringen vil åpne for mer oljeleting: – Fullstendig galskap». *NRK.no*.
169 Helledal, E. J. & Lorch-Falch, S. (2022, 30. mai). «Fått 72 oljemilliarder, aldri betalt skatt». *NRK.no*.

til utvikling av nye teknologier og hjelpe oss til å kutte utslippene på sokkelen med 50 prosent innen 2030 og til netto null i 2050. Fra gass kan vi utvikle blått hydrogen, og det er den grønne fremtiden.[170] Ergo løser oljen – selvsagt alltid i et langsiktig perspektiv – klimautfordringene.

I dag står Equinor og det norske folk overfor flere mulige apokalypser i nær fremtid. Uansett utfall ser det ut til at førsteprioriteten er å følge strategien som Norge er aller best på: Å tjene penger ved å fortelle seg selv – og verden – at man redder planeten.

Men vent: Kanskje det bak det store norske selvbedraget skjuler seg en pragmatisk innsikt i det grønne skiftets kompliserte natur? Som Daniel Yergin har påpekt:

> Ofte forstår man ikke hvor essensiell olje er i alle aspekter av menneskers livsstil, fra jordbruk til helsevesen, i transportbransjen og for å produsere forbruksvarer – og til og med for maskineriet og rammeverket i det grønne skiftet. […] Olje- og gassderivater blir brukt i solpanel og vindturbiner. De finnes i mobiletuier og brilleinnfatninger, og i mange instrumenter i operasjonsstuen. Oljeprodukter har også vært avgjørende under [korona]pandemien, siden de blir brukt i alt fra verneutstyr for kritisk personell til lipidene i Pfizer- og Moderna-vaksinene.[171]

---

170   Det er imidlertid høyst usikkert om blått hydrogen faktisk er så klimavennlig; se Howarth R. W. & Jacobson, M. Z. (2021). «How green is blue hydrogen?» *Energy Science & Engineering*, 9(10): 1676–1687, vår oversettelse.

171   Yergin, D. (2021, 27. november). «Why the Energy Transition Will Be So Complicated». *The Atlantic*, vår oversettelse.

Norge kan med andre ord bruke «du slipper ut av fengsel gratis»-kortet. Vi er både forbannet og velsignet med rikdommen vi trenger og ikke trenger, er stolte av og elsker å hate. I en verden preget av høy inflasjon, astronomiske energipriser, krig i Europa og naturkatastrofer overalt er vi borgere av et uvirkelig Midas-rike; som en slags siste utpost hvor kjærlighet, godhet og fred fremdeles kan kombineres med *laissez faire-* og røverkapitalisme. Én ting er sikker: I skrivende stund er det for tidlig å skrive en nekrolog over det norske oljeeventyrets død. I 2023 kan Olje-Norges presteskap puste lettet ut etter å ha gjenvunnet samfunnets tillit.

Kapittel 4

Askeladdens nederlag: et nytt blikk på Transocean-skandalen

Klokken 16.40 den 19. mai 1999 skjedde det noe merkelig i Nordsjøen, på grensen mellom Norge og Storbritannia. En borerigg ble flyttet fra norsk til britisk sektor, der den befant seg i åtte timer og 15 minutter, for å så bli returnert til norsk sokkel rett over midnatt. Boreriggen het Polar Pioneer og var bygget og eiet av Transocean Offshore Norway. Hvorfor ble riggen tauet ut og så tilbake? Det er en enorm operasjon å flytte på en slik konstruksjon. Hva var det som foregikk?

I løpet av det korte oppholdet i britisk territorialfarvann undertegnet en gruppe jurister og skatteeksperter en rekke dokumenter. På kort tid skiftet riggen eiere tre ganger. Den ble solgt mellom forskjellige datterselskaper av det gigantiske konsernet Transocean, som den gang var amerikansk, men som senere

KAPITTEL 4

samme år ble registrert i skatteparadiset Caymanøyene.[172] Hvorfor solgte man en norsk borerigg i britisk farvann? Hvorfor måtte man gjøre så mange krumspring for å skifte eierskap? Og hva skjedde egentlig denne kvelden og natten?

Det som skjedde, var at den daværende og mangeårige kontrakten mellom Transocean Offshore Norway og Norsk Hydro ble opphevet klokken 23.59, og den nye avtalen mellom Hydro og Transocean Offshore Europe begynte å gjelde to minutter senere.[173]

Hvis man er forvirret, tenker man klart. Transaksjonen var komplisert og fordekt, som hentet fra en spenningsroman: En rigg som rømmer fra Norge. Jurister og skatterådgivere som regner, kalkulerer utbytte, skriver under på dokumenter og kontrollerer dem på nytt. Avtalene må være bombesikre, signaturer må være ekte, og alle formuleringer må være uangripelige.

Dette var bare begynnelsen på en finansiell odyssé med mange vendepunkter. For det første oppdaget norske skattemyndigheter at Transocean ikke hadde ført opp alle inntekter på utbytte fra det triple salget i selvangivelsen for 1999. Man trengte ikke en armé av advokater for å konkludere med at riggflyttingen var et smart forsøk på å omgå norsk skattelov, påsto stavangerpressen: Det var bare å bruke enkel logikk for å se at det var noe *fishy* med hele operasjonen.[174]

---

172 Transocean. (u.d.). SEC Filings. *Deepwater.com*. Transoceans etiske rykte er mildt sagt suspekt. Selskapet har vært involvert i flere korrupsjonssaker i Vest-Afrika, en pågående korrupsjonssak i Brasil (der norske selskaper også er involvert), forretningssamarbeid med narkobaroner i Myanmar og, ikke minst, brudd på sikkerhetsregler på Deepwater Horizon, boreriggen som skapte miljøkatastrofen i Mexicogolfen i 2010; se Andvig, J. C. (2016, 21. januar). «Økokrim som hoggestabbe». *Klassekampen*.
173 Birkevold, H. (2005, 16. februar). «Transocean trikset med rigg». *Stavanger Aftenblad*.
174 Birkevold (2005)

Transoceans advokater og økonomiske rådgivere insisterte imidlertid på at selskapet gjorde alt riktig: Riggen hadde blitt solgt mens den befant seg utenfor Norge og norsk beskatningsområde, punktum. Men Stavanger tingrett var av en annen oppfatning. Transocean skulle betale skatt til Norge fordi transaksjonene var nøye planlagt og koreografert for å unngå skatt. Dermed var det likegyldig om riggen befant seg utenfor Norge da kontraktene ble underskrevet. Dommen konkluderte: «[Den] korte beskrivelsen av salget i vedlegget gir inntrykk av at selskapet bevisst har sagt minst mulig i håp om at det skulle gå bra.»[175]

Det så ikke ut til å gå så bra, i alle fall ikke på dette tidspunktet. I august 2003 stevnet konsernet, ved advokat Sverre Koch, den norske staten for retten med krav om oppheving av ligningen for 1999. Forutsigbart nok, i alle fall for snusfornuftige folk som har tillit til loven, tapte Transocean saken i tingretten.

Case closed? Tvert imot. Det ville vært naivt å tenke at en mastodont som Transocean skulle akseptere lille Norges dom uten kamp. Konsernet anket naturligvis saken til lagmannsretten, men trakk anken etter at Økokrim hadde ransaket Transoceans lokaler og funnet bevis på … vel, «uregelmessigheter». Tingrettens dom ble dermed rettskraftig: Transocean måtte betale boten og tilleggsskatten.[176]

Saken ble fort som en ugjennomtrengelig granskog, med Transocean som et mektig og krenket troll som var uvillig til å betale skatt for inntekter på 11 milliarder kroner.[177] Man trengte

---

175 Ibid.
176 Oslo Tingrett, 2 juli 2014.
177 Økokrim besluttet å etterforske fem forskjellige forhold knyttet til ulike skattesaker for et totalbeløp på cirka 11 milliarder i skattepliktig inntekt. Skatteregningen med skatt, tilleggsskatt og renter var på cirka 7 milliarder kroner. Polar Pioneer-saken, som vi interesserer oss for her, utgjorde cirka 1 milliard.

en askeladd som kunne hugge seg gjennom trollets kronglete rike. Og aktor Morten Eriksen og hans hjelpere i Økokrim-teamet gjorde noe djervt, nesten uten presedens i norsk historie. De siktet Transocean[178] og to av selskapets rådgivere: revisorene Klaus Klausen og Einar Brask fra Ernst & Young.[179] Påtalemyndigheten nedla påstand om at rådgiverne skulle straffes med fengsel i opptil seks år.[180]

Økokrims tiltale hadde helt klart noe heroisk over seg. Tross alt er Transocean det største flernasjonale oljeboringsselskapet i verden, med tilnærmet ubegrensede midler, advokater og strateger. Hvordan vinner man kampen mot et politisk, økonomisk og juridisk monster? I Økokrim mente man at saken kunne vinnes: Transocean hadde med vilje gitt uriktige opplysninger om skatteforhold til det norske skattevesenet og hadde dermed begått en straffbar handling.

I norske eventyr klarer Askeladden å overliste trollet. Men i dette tilfellet var det trollet som så ut til å vinne. 2. juli 2014 – altså nesten 15 år etter flyttingen av Polar Pioneer – frikjente Oslo tingrett alle tiltalte fra Transocean-teamet. Begrunnelsen? Det var ikke unndratt skatt. Rettens flertall kom til at «riggen var tatt ut av norsk beskatningsområde før salget, og dermed ikke skulle gevinstbeskattes i Norge […]». Retten la ellers til grunn at det var «uten betydning om riggen fysisk befant seg i eller utenfor norsk territorialfarvann».[181] Når det er sagt, må vi nevne at det faktisk

---

178 Mer presist ble Transocean, Transocean Offshore og Arcade Drilling tiltalt for skatteunndragelse.
179 Sverre Koch fra advokatfirmaet Thommessen ble også tiltalt.
180 Stavrum, G. (2016, 14. januar). «Transocean truer hele Økokrim». *Nettavisen.no*.
181 FRKs Sekretariatets notat sendt til utvalget 14. august 2014: 3; se også Riksadvokaten. (2018, 14. mai). «Transocean-saken: utvalgets rapport».

var dissens i retten: to stemmer for frikjennelse og to stemmer mot. Dobbeltstemmen til rettens administrator, Finn Eilertsen, ble avgjørende.[182]

Case closed igjen?

Nei, vent: Økokrim-sjef Trond Eirik Schea, Riksadvokaten og aktor Morten Eriksen besluttet å anke dommen. Særlig Eriksen nektet å gi seg. For ham var Transocean en ordinær svindler som forsøkte å rane godtroende norske borgere, og i verdens mest rettferdige land kunne man ikke la skurker slippe unna med slikt.

Men Eriksen tok feil. Plutselig ble han – av uklare og komplekse grunner – utestengt fra videre arbeid med Transocean-saken. Hva var det som foregikk? Hvorfor ble 15 års utrettelig arbeid og 150 esker med sakspapirer irrelevant? Først 13. januar 2016, to dager før ankerettsmøtet, fikk han vite at anken mot Transocean ble trukket av Økokrim-sjefen. I en offentlig uttalelse rettet til de frikjente Transocean-rådgiverne sa Schea: «Jeg beklager den uleiligheten de anklagede er påført i straffesaken. De er frifunnet ved tingrettens dom og skal anses som uskyldige.»[183]

Tilbaketrekkingen av anken kom som lyn fra klar himmel. Askeladdens nederlag var totalt og pinlig. Helter ble avslørt som skurker, og skurker ble til helter. Transocean-skandalen ble Økokrim-skandalen. I en knusende offentlig kritikk av Økokrims håndtering av saken var det snakk om at aktor Eriksen skulle

---

182 Dommen i Oslo tingrett, Transocean-saken av 2. juli 2014: 66.
183 Stavrum (2016)

ha vist grov uforstand i tjenesten.[184] Riksadvokaten satte ned et spesialutvalg[185] som skulle peke på feil og forsømmelser og – i beste lutherske tradisjon – trekke lærdom fra katastrofen. Det interessante er at utvalget skulle gjennomgå *Økokrims* mangler i håndteringen av Transocean-sagaen. Ingen snakket om den faktiske – og kanskje medskyldige – taperen i saken: den norske staten og det norske folket. Uansett: Trollet spiste Askeladden. Snipp, snapp, snute.[186]

De ubesvarte spørsmålene

Vårt sammendrag av Transocean-dramaet er grovt og forenklet, men det fanger noen aspekter ved en meget komplisert, nesten barokk juridisk og moralsk tragedie som fremdeles er aktuell.

I en hektisk offentlig debatt i etterkant av Økokrims botsgang kastet både pressen og et evalueringsutvalg seg over Skatteetatens, Økokrims og påtalemyndighetens tabber i håndteringen av saken. Utvalget pekte blant annet på «rotete etterforskning, hyppige utskiftinger i etterforskningsteamet og dårlig samarbeidsklima mellom etterforskerne og aktor, førstestatsadvokat Morten Eriksen». Det

---

184 For kritiske stemmer, se: Gulbrandsen, T. (2016, 7. januar). «En offentlig korsfestelse av Økokrim-topp». *Nettavisen.no*; Befring, Å. M., Lydersen, T. & Tollersrud, T. (2017). «Økokrim slaktes for Transocean-etterforskning». *NRK.no*; NTB. (2016, 12. september). «Staten må betale over 40 millioner i Transocean-sak». *NRK.no*; Eilertsen, T. (2017, 13. juni). «Økokrim får kraftig kritikk for håndteringen av Transocean-saken». *Aftenposten.no*.

185 Spesialutvalget besto av Jon Petter Rui, Sorenskriver Liv Synnøve Taraldsrud, førsteamanuensis Morten Holmboe og advokat Finn Eide; se «Rapport til Riksadvokaten», 1. juni 2017.

186 I denne analysen ligger det ingen bestridelse av at de tiltalte ble frifunnet ved endelig dom av 4. juli 2014.

ble også konkludert med at etterforskningen var «ustrukturert og ad hoc-preget», og at Skatteetaten «brøt god forvaltningsskikk».[187] Pressen skrev om omfattende ressursbruk og store personlige belastninger for de frikjente juristene og finansielle rådgiverne. De nye «skurkene» – altså Økokrim og Riksadvokaten – hadde ikke noe valg: De måtte legge seg flat i selvransakelse.[188]

Det slående i den pågående inkvisitoriske orgien – presseomtaler, rapporter og uttalelser om saken – er ikke det som ble sagt, men det som *ikke* ble sagt. For eksempel valgte evalueringsutvalget å unnlate å sitere skattejurister og eksperter som hadde bidratt i etterforskningen og belyst problematiske sider ved Transoceans skatteopplegg. En borerigg på rømmen ble ikke nevnt – som om den plutselig var irrelevant i debatten. Og man satt igjen med en uløst gåte: Hvorfor ble anken trukket – etter at aktor Eriksen hadde fått grønt lys fra riksadvokaten og sjefen for Økokrim, og etter at lagmannsretten hadde godtatt at saken kunne føres på nytt? Hadde kanskje nye opplysninger fra Transoceans advokater endret Økokrims syn på saken? Ikke ifølge våre informanter: Det fantes ingen slike nye opplysninger, og alle ventet på at rettssaken skulle gå videre til lagmannsretten.

Kort sagt bugner Transocean-saken av løse tråder og ubesvarte spørsmål. Hvem bestemte at anken mot Transocean burde droppes? Ville Økokrim ha vunnet om aktor hadde klart å bringe saken videre i rettsvesenet? Det får vi aldri vite, for dramaet ble avsluttet på tingrettsnivå.

---

187   Riksadvokaten 2018; se også Skatteetaten (2018, 23. mai). «Skatteetatens evaluering av Transocean-saken». *NTB.no.*
188   Med unntak av Eriksen, som befant seg i en tilstand av juridisk og moralsk forargelse.

KAPITTEL 4

Svarene vi har klart å finne i pressedekningen og i våre intervjuer, er ufullstendige og ofte selvmotsigende. Men ett spørsmål er særlig viktig for denne boken: I hvilken grad kan vi stole på at det moderne norske demokratiet er i stand til å ta opp kampen mot mektige kommersielle aktører i en globalisert verden? Og i videreføringen: Kan vi ha tillit til den norske staten og dens vilje til å bruke all sin kompetanse og ressurser til å beskytte sine borgere mot å bli ranet av grådige, flernasjonale selskaper? Dersom staten er maktesløs overfor slike aktører, er det da bare en illusjon at demokratiet vårt er levedyktig og rettferdig, stilt overfor internasjonal storkapital? Gjemmer vi oss for en ubehagelig sannhet, altså at våre statlige organer er dårlig rustet – juridisk, strukturelt og moralsk – til å håndtere saker som Transoceans skatteakrobatikk?

Før vi diskuterer disse spørsmålene, må vi innrømme at det er svært vanskelig å være upartisk i denne saken. En av oss er jurist, var personlig engasjert i Transocean-saken og har lang fartstid i kampen mot flernasjonale selskapers skatteunndragelse. Den andre kommer fra en del av Europa som i generasjon etter generasjon har levd med et autoritært system som har spesialisert seg på umyndiggjøring av individet. I sitt forsøk på å forstå enkeltpersoners avmakt i Transocean-saken er hun naturlig nok hjemsøkt av *déjà vu*-opplevelser. Kort sagt er vi begge klar over mulige farer ved prosjektet: Vi kan bli fanget i et konspiratorisk tankesett og tolke den endelige dommen i saken som et resultat av rent maktspill. Vi risikerer beskyldninger om at vi ikke respekterer norske domstoler. Og vi kan såre dem som jo ble frikjent i Oslo tingrett.

Da vi begynte å granske bunken med litteratur om Transocean-saken og intervjue våre informanter, ble vi derfor enige om at det ikke er hensikten å skrive et triumferende *j'accuse-*

kapittel som river i stykker den endelige dommen og en gang for alle konstaterer hvem som faktisk var helter og skurker. Det er heller ikke meningen å analysere skandalen ut fra en slags historisk revisjonisme; det ville i så fall ha krevet sin egen bok. Vi er mer interessert i å belyse komplekse juridiske, etiske og politiske dilemmaer som preger demokratiers kamp mot – og medvirkning i – flernasjonale selskapers vekst og deres stadig mer sofistikerte bruk av skatteunndragelse.

For oss er Transocean-saken emblematisk fordi den avslører norske tillitspatologier i en stat som mer og mer blir et gissel for globale finansregimer. Jo da, det finnes belegg for at det norske skattesystemet fungerer relativt godt, ikke minst fordi det baserer seg på en høy grad av tillit til at borgerne overholder opplysningsplikten, og omvendt; at borgerne har tillit til at myndighetene håndhever skattelovgivingen etter beste skjønn. Og det er selvinnlysende at høy tillit reduserer behovet for regulering og kontroll og forenkler økonomisk og mellommenneskelig samkvem.

Men denne tilliten har et janusansikt, som vi har skrevet tidligere: Tillit forsterker demokratiske institusjoner, men for mye tillit kan hule dem ut, ikke minst om og når staten kapitulerer overfor mektige kapitalkrefter. Det kan hende at norske myndigheter har vært naive og overmodige i sin tro på at de kan håndtere store internasjonale selskapers juridiske finurligheter. Men kan vi ha tillit til en stat som tillater at mektige og grådige krefter manipulerer oss og gjør oss til ofre for sanksjonerte bedrag og ran? Og har vi tillit til et politisk system som sakte, men sikkert gjør oss blinde for hva som er lovlig og ulovlig, rett og galt?

Vi mener at Transocean-saken kan gjenfortolkes ut fra tre perspektiver. Det første er kommersielt og juridisk: Her dreiet

Transoceans transaksjoner seg tilsynelatende om vanlig og lovlig økonomisk optimalisering. Det andre er strukturelt og viser til en mengde uløste, systemiske feil som bunner i blant annet «asymmetrisk globalisering», det vil si en situasjon hvor regjeringer, overnasjonale organisasjoner og lovgiving hele tiden blir hengende etter grådige oligopolers stadig mer sofistikerte former for skatterøveri.[189] Det tredje perspektivet er eksistensielt og dreier seg om mellommenneskelige forhold og individuelle verdenssyn som påvirker personlige valg. La oss diskutere dem i tur og orden.

Skatt, jus og markedet

Vi skal ikke belaste våre lesere med en analyse av juridiske finesser, lovparagrafer og krevende, om ikke direkte ugjennomtrengelig sjargong. Vi vil heller illustrere en rekke kontrasterende fortellinger som belyser det problemfylte ekteskapet mellom eksisterende lov og det store markedet, og hvor elastisk loven er. Til tross for at Hanne Skaarberg Holen, en av Transoceans advokater, etterlyste en «faktumbasert og ryddig dialog»,[190] er dialogen som regel mindre basert på fakta enn på motstridende *tolkinger* av fakta. Dette er det største paradokset i den juridiske debatten som fulgte Transocean-skandalen, en konkurranse i juridisk historiefortelling som nærmer seg den irske vitsen: «Halvparten av løgnene motparten forteller om oss, er usanne.»

Hvis vi har tillit til norske domstoler, viser Oslo tingretts endelige frifinnelse av Transoceans finansielle og juridiske rådgivere at

---

189 Midttun 2022: 189–192.
190 Holen, H. S. (2016). «Transocean-saken: Sentrale problemstillinger». *Regnskap og revisjon*, 3.

selskapene handlet i samsvar med loven. En ekspertrapport fra 2017 konkluderer med at Transocean-saken ikke gjaldt skattetriksing, og at flertallet i tingretten hadde solide argumenter både for å frikjenne Transoceans skatterådgivere og for å la selskapet være i fred og droppe kravet om å etterbetale skatt.[191]

Men igjen: Er dette fakta? Det rapporten ikke nevner, er at det også var et mindretall i tingretten som la andre «fakta» til grunn. Mindretallet mente nemlig at «gevinsten var innvunnet og realisert på et tidligere tidspunkt enn flertallet la til grunn»[192]. Det var understreket at avtalene om overdragelse var «inngått mellom nærstående parter med sterke felles interesser», og at eierselskapets faste driftssted – Norge – besto også etter at kontrakten med Hydro var avviklet: «Gevinst ved overdragelse av riggen var dermed skattepliktig til Norge.»[193]

Guttorm Schjelderup, professor i skatterett ved NHH og vitne i saken, skrev i et notat bestilt av Økokrim:

> [Jeg har ikke funnet dokumentasjon for at Transocean har hatt] noe annet synbart formål enn [enten å] spare skatt eller omgå norsk lovgivning. Den måten Transocean har benyttet det danske, kunstig skapte selskapet [på], er et klassisk eksempel på hvordan man har greid å utnytte regelverket til å oppnå null skatt i stedet for å unngå dobbeltbeskatning.[194]

---

191 Holen (2016)
192 FRKs Sekretariatets notat sendt til Utvalget 14. august 2014: 3–4; se også Riksadvokatens brev 18.september 2018.
193 Ibid.
194 Schjelderup, G. (2012, 6. februar). Notat skrevet på utredningsoppdrag bestilt av Økokrim: 8.

Ifølge Schjelderup ble de «grunnleggende norske prinsippene og skattereglene» underminert av en transaksjon som har hatt «betydelige og negative konsekvenser for hele samfunnet; for rettferdighets- og velferdsfordelingen, for konkurransepolitiske forutsetninger, og [for] skattesystemets virkemåte».[195]

Det er fristende å bruke Ibsen og si at minoriteten har rett, flertallet har bare makten. Men la oss ikke trekke forhastede, selvrettferdige konklusjoner. Er det mulig at Transoceans «forbrytelse» var *både* lovlig og ulovlig? Vi intervjuet Schjelderup, som ga oss en konsis problemstilling:

> Hvis jussen var feil, måtte riksadvokaten og Økokrim ta ansvar for sin dårlige tolkning av reglene. Hvis jussen var riktig, og problemet var at statsadvokat Eriksen var i fri dressur og tolket loven på sin måte, skulle ikke riksadvokaten og ledelsen i Økokrim – hans overordnede – ha grepet inn og korrigert kursen? Fra et juridisk-etisk ståsted bør det uansett være slik at staten, som er den sterke part, aldri reiser straffesaker uten at saken er så solid fundamentert at man er villig til å gå i både lagmannsretten og Høyesterett. Nye bevis kom ikke frem etter at saken ble anket, så hvorfor droppet man saken?[196]

Kristian Kvamme, en av Norges mest erfarne skatterådgivere, som tidligere har samarbeidet med Eriksen, kaster et interessant lys over det subtile og kronglete forholdet mellom loven og markedet. Flernasjonale selskaper som Transocean har et batteri av grep som tillater flere måter å unngå å betale skatt på lovlig vis, sier han:

---

195 Schjelderup 2012: 3. Denne kommentaren gjelder utbytteforholdet.
196 Intervju med Guttorm Schjelderup, 22. juli 2022.

Man selger en rigg til et konsernselskap i utlandet, og gevinsten sendes skattefritt via gjennomstrømningsselskaper til skatteparadiser. Eller man selger ikke en rigg, men omdanner eierselskapet fra å være norsk til utenlandsk, uten gevinstbeskatning av riggen. Eller man bruker tomme datterselskap i skatteparadis som gjennomstrømningsselskap for utlån, for slik å beholde skatteposisjoner i Norge. Og så videre, og så videre. Strategier er ulike, men utfallet er likt: Man unngår å betale skatt på gevinster og utbytteutdelinger, [og det er] lovlig innenfor dagens regelverk.[197]

Ifølge skatteeksperten Kvamme bar Transoceans riggoperasjon i mai 1999 – og senere transaksjoner – klart preg av å være godt planlagt og skattemessig motivert. Likevel ble altså de tiltalte frifunnet. I retten klarte Transoceans 17 advokater å gjøre uriktige og ufullstendige opplysninger – sendt til norske skattemyndigheter – til et underordnet poeng. Kunstgrepet var å flytte rettens oppmerksomhet fra feil i skatteopplysninger til anklager om skatteunndragelsen, og til tolkning av om den var lovlig eller ikke. Dette var en brilliant strategi, sier Kvamme: «I rettsprosessen snakket man ikke om informasjonssvikt, man argumenterte for selskapets lovlige økonomisk optimalisering.»[198]

Men mesterlig bruk – eller misbruk – av loven var kanskje ikke den eneste grunnen til Transoceans triumf. En av hovedårsakene til Økokrims kapitulasjon kan ha vært en ressurskrise, ifølge skatteeksperten: «Saken var meget omfattende, både faktisk og rettslig. Økokrim hadde rett og slett ikke nok ressurser til

---

197 Intervju med skatterådgiveren Kristian Kvamme, 25. juli 2022.
198 Kvamme (2022)

å matche de juridiske muskler og de ubegrensede midler som et moderne flernasjonalt selskap har til disposisjon.»[199]

NHH-professorene Frøystein Gjesdal og Terje Rein Hansen støtter opp om denne påstanden:

> Når Transocean-sakens historie skal skrives, er det viktig å få med seg at sentrale spørsmål aldri fikk noen rettslig avklaring. Hadde førstestatsadvokat Morten Eriksen hatt tilstrekkelige ressurser og ikke vært begrenset i sitt valg av advokathjelp, er vi overbevist om at man ville kunne ha belyst saken bredere og innen de tidsfrister som gjaldt. Begrensede ressurser og merkverdige habilitetsregler hadde etter vår vurdering stor betydning for utfallet av Transocean-saken. Det forekommer oss underlig at den foreliggende gransknings-rapporten ikke er mer opptatt av dette perspektivet.[200]

Dette er interessant. Et av hovedmotivene i den offentlige kritikken av Transocean-skandalen var jo *overforbruk* av penger og tilgjengelige ressurser. Om skatteeksperten, Gjesdal og Rein Hansen har rett i at Økokrim tvert imot hadde for begrensede ressurser, må vi stille noen åpenbare spørsmål: Hadde staten en jomfruelig tro på at et budsjett som var mindre enn verdien på en alminnelig norsk milliardærs villa, var stort nok til at man kunne utfordre flernasjonale mammuter? Trodde man faktisk at én statsadvokat – alene mot et kobbel av forsvarsadvokater – var nok? Husk dessuten at den endelige dommen falt i 2014, da man burde ha visst at det er en herkulisk oppgave å vinne rettssaker mot flernasjonale selskaper: Det svensk-norske entreprenør-

---

199 Ibid
200 Gjesdal, F. & Hansen, T. R. (2017, 21. juni). «Merkverdigheter i Transocean-saken». *DN.no*.

firmaet Peab ble delvis frikjent i 2010, og Siemens vant en viktig sak i 2011.[201]

Morten Eriksen, en av de mest sentrale – og mest piskede – karakterene i saken, er for så vidt enig i at han ikke hadde nok ressurser, men da vi snakket med ham, var han mindre interessert i å slikke gamle sår enn i å gi en juridisk forklaring på hvorfor Transoceans advokater vant frem i tingretten.[202] «Det som teller er gjerningstidspunktet og de gale opplysninger som Transocean oppga på dette tidspunktet»,[203] sa han. «I vanskelige tilfeller, som Transocean, kan straffbare forhold ofte først avklares lenge etter gjerningstidspunktet. Er skatteretten komplisert, med flere mulige utfall, bortfaller i realiteten formålet med opplysningsplikten, der den kreves mest.»[204] For å si det enkelt: «Du kan gi så mange gale opplysninger som du vil, men hvis du klarer å vinne ankesaken lenge etter gjerningspunktet, kan du ikke straffes. Det er en strategi som Transoceans advokater valgte – og de vant», sa Eriksen.[205]

Det er oppsiktsvekkende at en statsadvokat sier at du kan gi feil opplysninger til norske myndigheter og slippe unna med det, til og med – eller spesielt – når det er snakk om enorme summer.[206] Vi kan tenke oss at en Nav-klient eller to ville satt kaffen

---

201 Andvik (2016)
202 Eriksen presiserer at han ikke på noen måte bestrider den endelige frifinnelsen av de tiltalte.
203 Samtale med Morten Eriksen, 27. juli 2022.
204 Samtale med Eriksen (2022), se også Eriksen, M. (2019, 30. august). «Bortfaller den straffbare opplysningsplikten i straffesaker når skatteretten blir vanskelig?» *Skatterett, 38* (3).
205 Samtale med Morten Eriksen, 27. juli 2022.
206 Til sammenligning fikk fotballspilleren John Carew, som hadde unndratt 3,5 millioner kroner og tilstått det, ett år og to måneder fengsel; Ogre, M. & Tangen, E. (2022, 16. november). «John Carew dømt til fengsel i ett år og to måneder». *E24.no*.

i halsen om de hørte det. Men Eriksens kommentar er desto mer bemerkelsesverdig, fordi den på en subtil måte viser hvordan skatteunndragelse kan beskrives – ikke så mye som en forbrytelse, men som en særegen kunstform.

Det magiske Pengeland

I et annet perspektiv er Transocean-saken en god illustrasjon på hvordan de som får lov til å operere i rettsløse rom, kan utnytte den kompliserte, globale økonomiske arkitekturen. I *Pengeland* (2020) skriver Oliver Bullough om de juridiske gråsonene som åpner for stadig mer skatteunndragelse, ulovlige finansnettverk og en grådig elite som snylter på resten av oss. Han beskriver en parallell verden der oligarker og de mektigste økonomiske og politiske spillerne leker seg; et hemmelig land der grensene mellom nasjonalstater er sporløst forsvunnet.[207]

Flernasjonale selskaper som Transocean flytter pengene sine dit de vil, og velger hvilke lands lover de har lyst til å etterleve. På overflaten er de fremdeles konkrete enheter som man kan regulere, men i Pengeland dannes og omdannes de ugjennomsiktige skallselskapene så raskt at ikke engang de mektigste statene og overnasjonale organisasjonene kan holde styr på dem og deres aktiva. «Penger flyter over grenser, det gjør ikke loven», er konklusjonen til Bullough.[208] Han tviler på at internasjonal lovgiving vil klare å løse problemet, og tror at advokater, finansrådgivere og de som bevisst forfatter ulne finanslover, bare vil ha mer frem-

---

207 Bullough (2019)
208 Bullough (2019)

gang: Stater vil streve med å kreve inn skatt. Global ulikhet vil vokse. Økonomier vil bli ustabile. Velgere som sliter, vil skylde på alle andre – fattige immigranter, liberale eliter – enn de som faktisk er ansvarlig for å ha skapt den destruktive offshore-verdenen.

Med alt vi vet om de mektige politiske og økonomiske interessene som opprettholder den onde sirkelen av skatteunndragelser og maktesløshet, hvorfor skulle et norsk datterselskap av et amerikansk konsern være mer dydig enn andre i kampen om fet profitt og lukrative kontrakter? Hvorfor skulle ikke Transocean utnytte blindsonene i eksisterende lovgiving? Ja, de norske finansrådgiverne hjalp selskapet med å unngå å betale skatt på inntekter på 11 milliarder kroner, men tingretten frikjente jo de tiltalte. Kan vi ikke stole på loven?

Her er vi ved kjernen i saken, og vi har lyst til å argumentere for at vi i Transocean-saken både bør og ikke bør stole på loven. Grensen mellom lovlige og ulovlige handlinger i Pengeland har nemlig blitt så flytende at det er nesten umulig å vite hva som faktisk er lov. Dette har ikke skjedd bare fordi norsk og internasjonal lovgiving ikke holder tritt, men også fordi mange borgere har et ambivalent syn på storkapitalens utskeielser. På den ene siden fordømmer vi Pengeland som abstrakt konsept, på den andre siden velger mange av oss å ha tillit til de som holder til der, som Google, Starbucks, Amazon, Facebook og Equinor, på tross av skattesnyteri og romanser med korrupte regimer. Er det i vår paradoksale, snusfornuftige underbevissthet begravet en oppfatning om at det er noe uunngåelig ved de flernasjonale gigantenes overtredelser; noe vi mener er «feil» på et dårlig definert moralsk nivå, men som vi har innsett, eller akseptert, at vi «bare må leve med», som rusmisbruk, prostitusjon og relativ fattigdom?

KAPITTEL 4

Transocean-skandalen demonstrerer i alle fall at det offisielle Norge aksepterer bruk av skatteparadiser. Som vi så i kapitlet om oljefondet, mener både sjefen der, næringslivsledere, en tidligere sentralbanksjef og til og med skamløse moralfilosofer at det er ok å overføre utbytte til Luxembourg, Irland eller Delaware. Etikken lukkes i et evig kretsløp, der det at «alle gjør det», ser ut til å rettferdiggjøre nettopp at alle gjør det. DNB gjør det. Oljefondet gjør det. Statkraft gjør det. Og hvis Statkraft gjør det, hvorfor skal ikke Transocean kunne gjøre det samme?

Det burde være et tankekors for det rike, dydige og humanitære Norge at vi har et samfunn der vi uten skam – og uten å risikere vårt gode navn og rykte – kan si at skatteparadiser har sine positive sider. Det går ikke an i Frankrike, og ikke i Polen heller; der praktiserer man heller et kultivert hykleri. Er det den inngrodde norske pragmatismen vi ser her, en «slik er det jo bare»-holdning? Er det ren opportunisme? Eller er det en blanding?

I 2019 ble det i alle fall mye styr da den oppfinnsomme ordføreren i Bø i Vesterålen la frem en plan om å gjøre kommunen til «Norges svar på Monaco».[209] Ideen var å motarbeide fraflytting ved å lokke rikfolk til å slå seg ned i kommunen for å leve godt med en formuesskatt som først var på 0,35 prosent, før den ble senket ytterligere til 0,2 prosent. Motstemmene var mange: Om *alle* kommuner gjorde som Bø, ville jo det offentlige Norge tape milliarder av kroner hvert år.[210] Men den borgerlige regjeringen

---

209 Lysvold, S. S., Danielsen, D. J. & Trygstad, A. N. (2022, 18. juni). «Bø 'Norges Monaco' med nytt skattestunt – vil senke inntektsskatten for alle under 40». *NRK.no*.
210 Thonhaugen, M. & Budalen, A. (2020, 14. september). «Om alle gjør som Bø vil skatteinntektene synke med ni milliarder». *NRK.no*.

likte ideen: Skattekutt var jo dens *raison d'être*, og den hadde nektet å akseptere funnene i en rapport den selv hadde bestilt, som viste at økt formuesskatt for små og mellomstore bedrifter faktisk ville *øke* sysselsettingen.[211]

I starten så stuntet ut til å være en suksess. Flere rike investorer, som Bjørn Dæhlie og Kjartan Aas, kjøpte seg bolig i kommunen. Men det var slett ikke alle som hadde lyst til faktisk å *bo* i vakre, men tidvis mørke Vesterålen minst halve året, slik loven krevet. Da den rødgrønne regjeringen nektet å subsidiere eksperimentet videre, ble det norske Monaco ikke et svar, men et spørsmål: Finnes det ikke et land som har både skog, fjell, vann og fine skiløyper – og skikkelige skattefordeler kombinert med anstendig diskresjon? Hvis man vil betale mindre skatt i dag, flytter man nemlig ikke til Bø – man velger heller et «respektabelt» skatteparadis, som Sveits, som så sent som i 2018 lå øverst på verstinglisten til Tax Justice Network.[212] Det var her Dæhlie og Aas endte opp, etter bare ett år i Bø, og de er langt ifra alene. Ifølge skattelistene er det godt over tusen rike nordmenn som i 2023 har postadresse i Luzern eller Lugano.[213]

---

211   NTB. (2020, 5. oktober). «Rapport: Økt formuesskatt skaper flere arbeidsplasser». *VG.no*; Røed, K., Markussen, S., Bjørneby, M. & Alstadsæter, A. (2020, 14. september). «Sluttrapport fra utredningsoppdrag om formuesskatt, norske bedrifter og eierskap». *Regjeringen.no.*
212   Shakxon.N. (2022, 22. februar). «The Swiss banking clean-up is a mirage» - *Tax Justice Network*; se også Khadem, N. (2018, 31. januar). «Australia is a safe haven for illicit funds, but Switzerland the world's worst». *Sydney Morning Herald.*
213   Se Jordheim, H.M; Lea A., og Svendsen M. (2022, 12. september). «Kjell Inge Røkke følger etter: Disse norske rikingene har allerede flyttet til Sveits». *E24*; Ismail, K., Solberg, E. & Feratovic, L. (2022, 2. februar). «Bjørn Dæhlie og kona flytter til Sveits, skal jobbe mindre». *DN.no.*

Ifølge Statistisk sentralbyrå økte bruken av skatteparadiser i Norge med 78 prosent fra 2014 til 2021.[214] Noen legger skylden på kronglete dobbeltbeskatningsregler, andre peker på dårlig regulering. Vi har lyst til å si at det aller mest handler om smålighet, grådighet og egoisme, og vi tror ikke at vi er alene om dette synspunktet. Uansett: vår henvisning til eksperimentet i Vesterålen er ikke bare en digresjon. Vi lurer egentlig på hvor Norge har lyst til å plassere seg i den internasjonale kampen mot skatteunndragelse og skatteparadiser.

Karakterene i Transocean-dramaet

Mellommenneskelige forhold og personlig kjemi spiller en avgjørende – og ofte undervurdert – rolle i rettssaker. I media ble Eriksen fremstilt som inhabil, hevngjerrig og uten vilje til å vurdere motforestillinger. Til og med sympatisører blant våre informanter snakket om hans individualisme og forutinntatthet. Var hans overmot også kilden til hans fall?

Vi har ingen problemer med å sette oss i Eriksens sted. Vi forstår at når du som aktor tar opp kampen mot oligopoler, er det ikke påtalemyndigheten som er den store stygge ulven mot stakkars

---

214 Larsen, B. (2022, 3. mai). «Økt bruk av skatteparadis». *ssb.no*; se også Sharman, J. C. (2010). «Shopping for Anonymous Shell Companies: An Audit Study of Anonymity and Crime in the International Financial System». *Journal of Economic Perspectives*, 24 (4): 127–140; Winther-Sørensen, N. (2003). «National Report Denmark». I W. Schön (Red.), *Tax Competition in Europe*. CBS Law. Blant studier som beskriver skadevirkningene av skattekonkurranse, se Wilson, J. D., (1986). «A theory of interregional tax competition,» *Journal of Urban Economics*: 296–315; Zodrow, G. R. & Mieszkowski, P. (1986). «Pigou, Tiebout, property taxation, and the underprovision of local public goods». *Journal of Urban Economics*, 19: 356–370.

små rødhetter. Flernasjonale selskaper har råd til å ansette de beste forsvarsadvokatene, som villig stiller opp på intervjuer med pressen. De kan bruke erfarne medierådgivere som utstyrer forsvarerne med vittigheter og fyndige poeng. De kan gå til personlig angrep på aktor og anklage ham eller henne for en subjektiv fortolkning av regelverket og juridisk synsing. Og Eriksen kan ikke forsvare seg og gi sin versjon av saken; han er bundet av taushetsplikt.[215]

Mens Transocean hadde ressurser til å ansette 17 forsvarere og en liten hær av spinndoktorer og kommunikasjonsrådgivere, sto Eriksen helt alene etter at hans medarbeidere hadde blitt erklært inhabile og dermed hadde sluttet å jobbe med saken. Han ble som en askeladd uten gode hjelpere:

> Da jeg klaget, sa riksadvokaten: «La oss hente hjelp på byen!» Men jeg trengte jo advokater som hadde kompetanse i internasjonal jus, strafferett, skatterett og sivilrett, og innsikt i flernasjonale selskapers operasjoner. Hvor finner du dem? Det var svært få som hadde denne kompetansen. Vi ringte alle de store advokatfirmaene [med totalt rundt 1300 advokater] som vi mente ikke hadde noen relasjon til Transocean-saken, og alle vegret seg for å blande seg i Transoceans [affærer].[216]

Spørsmålet er hva som skjer med rettferdighet når den juridiske spisskompetansen enten er kjøpt opp eller frykter å miste fremtidige lukrative kontrakter? Hvem skal da forsvare samfunnsinteressene og være kompetent nok til å vinne?

---

215 Eriksen vil ikke med dette på noen måte bestride at de tiltalte er frifunnet.
216 Samtale med Morten Eriksen, 27 juli 2022.

Skatteadvokater, inkludert våre informanter, mener at Morten Eriksen mistet Økokrims tillit. *Å miste tillit* høres alvorlig ut. Men kanskje hadde Økokrim – av en eller annen mystisk grunn – mistet interessen for å vinne saken? Kanskje fikk Eriksens overordnede kalde føtter? «Nei», protesterer Eriksen: «De var veldig interessert i å vinne saken – selv om jeg lurte på hvordan de skulle komme i mål.»[217]

Med forbehold om at Eriksens beretning er farget av en kosmisk skuffelse overfor en mann hvis ekstraordinære kompetanse bare er matchet av hans påståtte oppblåste ego, må vi stille noen vanskelige spørsmål. Har vi tillit til en stat som går til sak mot en flernasjonal og durkdreven operatør som Transocean på en spartansk, om ikke nonchalant måte? Var norske myndigheter av en eller annen grunn lite lystne på å bruke anstendige ressurser på å vinne kampen mot et mektig og grådig konsern? Vi vet at det ble bevilget 30 millioner kroner ekstra til arbeidet med saken, men Eriksen påstår at han bare fikk en brøkdel av pengene. Hva skjedde med resten?

I sin fascinerende studie *The Corporation* (2004) kaster Joel Bakan lys over flernasjonale selskapers «psykopatiske» trekk. Han forklarer hvorfor konsernledere vil gjøre hva som helst for å tjene penger; ikke fordi de er ondskapsfulle, men fordi de utelukkende må rette oppmerksomheten mot det som til enhver tid er til fordel for aksjonærene. Dette resulterer i at selskaper oppfører seg som psykopater: gode og omsorgsfulle bedriftsborgere på overflaten, men følelsesløse, antisosiale og manipulerende på bunnen. De tar beslutninger som kan forårsake skader på miljø og helse, men så

---

[217] Ibid.

lenge det er lønnsomt, har de all verdens ressurser til å håndtere offentlig forargelse eller mulige dommer i rettsvesenet.

Innså den norske staten den brutale sannheten – og sin maktesløshet – i møte med *The Corporation*? Kanskje den gjorde det, men i så fall sendte norske myndigheter også et farlig signal til enhver statsadvokat som i fremtiden skal påta seg den svært utakknemlige oppgaven det er å ta knekken på oligopoler og skatteunndragelse over landegrenser, altså at han eller hun står helt alene.

Veien fremover

Hva ville ha skjedd i Transocean-saken om selskapet havnet i retten i dag? Ville anken blitt trukket og de siktede frikjent, som i 2016? Det er selvsagt et rent teoretisk spørsmål. Det som skjedde, skjedde, og vi skal ikke dømme fortiden ut fra nåtidens standarder. Når vi likevel stiller spørsmålet, er det fordi vi ønsker å peke på løsninger og lover som kanskje kan tøyle de flernasjonale gigantenes makt og stoppe deres overgrep mot samfunn og miljø.

Det er overveldende internasjonal enighet om at det nåværende systemet for beskatning av flernasjonale selskaper er dysfunksjonelt. For å ta ett av mange absurde eksempler vet vi at Apple i 2011 betalte 0,05 prosent skatt i Irland,[218] mens den regulære selskapsskatten i landet var på 12,5 prosent.[219] Den såkalte Lux Leaks-skandalen i 2014 viste at Apples tilfelle ikke er uvanlig:

---

218 US Senate's Permanent subcommittee on Investigations. (2013, 21. mai): «Offshore Profit Shifting and the U.S. Tax Code – Part 2». *Apple, Inc.* Høringsnotat.
219 O'Carroll, L. (2011, 22. februar). «Ireland's real corporate tax take revealed». *The Guardian*.

343 andre flernasjonale selskaper gjorde nøyaktig det samme.[220] I dag kjemper internasjonale skattemyndigheter mot de flernasjonale selskapenes «bindende avtaler» med skatteparadisene, der de kan ha titalls – og av og til hundrevis – av underavdelinger.[221] Disse filialene har for de fleste bare skattemessige hensikter. I over hundre år har man godtatt at hver filial var et suverent subjekt som skulle betale sin egen skatt, men ting er i endring, og juridiske smutthull i skattelover blir i stadig økende grad sett på som en trussel mot global rettferdighet, miljø og klima.

Det siste tiåret har OECD arbeidet med regler for «armlengdeprinsippet», hvor transaksjoner mellom filialer og morselskaper – som *de facto* har samme eier – skal finne sted som om filialen var en tredjepart. Det er her nøkkelen ligger, for det er her de flernasjonale selskapene har hatt muligheten til å flytte overskudd, via interne transaksjoner, dit de vil, til jurisdiksjoner der det er liten eller ingen skatt på utbytte. Det gjelder ikke bare eksotiske steder i fjerne land, som Caymanøyene eller Seychellene, men også

---

220 Wayne, L. & Carr, K. (2014, 7. november). «'Lux Leaks' Revelations Bring Swift Response Around World». *International Consortium of Investigative Journalists*. Se også Wayne, L. et al. (2014, 5. november). «Leaked Documents Expose Global Companies' Secret Tax Deals in Luxembourg». *International Consortium of Investigative Journalists*. Forstemmende nok vant Luxembourg og PricewaterhouseCoopers i 2021 saken mot den ene varsleren, Raphael Halet, i Den europeiske menneskerettsdomstolen. Se Fitzgibbon, W. (2021, 12. mai). «Fears of 'significant deterrent' for whistleblowers as top European court quashes Lux Leaks case». *International Consortium of Investigative Journalists*. Den 14. februar 2023 besluttet CEDH, Grand Chamber, at varsleren Raphaël Halets handlinger var beskyttet av utrykksfriheten, garantert av art 10 i konvensjonen, og at almenhetens interesse i avsløringen av dokumentene han hadde lekket til pressen var viktigere enn ulempene for arbeidsgiveren, ibefattet Halets tyveri av dokumenter og brudd på tjenestehemmeligheter og brudd på beskyttelsen av arbeidsgiverens kunders private interesser. Han får 15 000 euros i erstatning. Ref requête 21884/18.

221 For eksempel har den franske banken BNP rundt 200 underavdelinger.

land i Europa som vi gjerne tror er mer eller mindre «som oss»: Nederland, Irland, Luxembourg, Kypros, Malta, Storbritannia.

Dette systemet går særlig ut over utviklingsland, som ikke får sin rettmessige del av inntektene på eksporterte råvarer: De flernasjonale selskapene manipulerer resultatene, som alltid er i null eller lett negative, mens overskuddet legges til skatteparadiser ved hjelp av kunstig konstruksjoner. Internasjonalt senter for skatt og utvikling har anslått at verdens statskasser årlig taper 200–300 milliarder dollar på disse kunstige overføringene[222] – og det er 2016-tall. Det er all grunn til å tro at summene bare har blitt enda større siden da.

Vi vet etter hvert mye om konsekvensene av dette syke systemet. Stjerneøkonomer som Thomas Piketty og Gabriel Zucman har vist hvordan skatteparadiser forsterker ulikhetene i verden.[223] De har også insistert på at det er mulig å komme dem til livs ved å innføre en allmenn, global minimumsbeskatning (25 prosent). I 2012 fikk OECD i oppdrag fra G20-landene å utarbeide et bedre skattesystem for flernasjonale selskaper, det såkalte BEPS-prosjektet.[224] OECD skulle ha vært ferdig innen 2020, men man gikk ut fra at USA under Donald Trump neppe var interessert i å forbedre regelverket. EU inntok derfor en avventende holdning

---

222 Garcia-Bernando, J. & Janský, P. (2021, March). «Profit Shifting of Multinational Corporations Worldwide». Institute for Development Studies, Working Paper 19. *The International Centre for Tax and Development* at the Institute of Development Studies: 9. https://www.govinfo.gov/content/pkg/CHRG-113shrg81657/pdf/CHRG-113shrg81657.pdf

223 Se Zucman, G. (2015). *The Hidden Wealth of Nations*. Chicago University Press; Saez, E. & Zucman, G. (2020). *The Triumph of Injustice*, Berkeley University Press; Piketty, T. (2017), *Capital in the Twenty-First Century*. Harvard University Press.

224 *Base erosion and profit shifting*; For en oversikt, se OECD. (u.d.). «International collaboration to end tax avoidance». *OECD.org.*

til ny lovgiving for ikke å begrense EU-selskaper i forhold til de amerikanske. Det var først med Joe Biden som president at arbeidet fikk ny giv. Hans forslag var en minimumsskatt på 21 prosent på alle amerikanske firmaer, inkludert de som opererer i skatteparadiser. Han klarte også å overbevise G7- og G20-landene om å forsøke å innføre en effektiv minimumsskatt, som høsten 2021 ble forhandlet frem til 15 prosent i OECDs «inkluderende rammeverk», som 134 land har skrevet under på.[225]

Rammeverket har to viktige bærebjelker: For det første skal stater ha rett til å pålegge flernasjonale selskaper den effektive minimumsskatten, som skal gjelde 15 prosent av deres globale profitt, uansett hvor de holder til. Dette er i praksis det Zucman kaller «skatteoppkrever i siste instans». Om for eksempel et norsk selskap med filial på Bermuda har betalt 5 prosent skatt på Caymanøyene, og den globale minimumsskatten er 15 prosent, kan Norge kreve selskapet for 15 prosent − 5 prosent = 10 prosent skatt. Hele formålet med skatteparadiser faller da bort. For det andre skal stater kunne beskatte verdens største og mest lønnsomme selskaper ut fra hvor varene deres blir solgt, ikke ut fra hvor de har base.

Dette rammeverket virker som en god start, og initiativtagerne bak avtalen var entusiastiske da de snakket om å stoppe det globale «kappløpet mot bunnen». Men det er alltid uforutsette fallgruver. Lovgivere sliter med å få vedtatt lovene som kreves for å innfri løftene i OECD-avtalen, selv om det er bred enighet om at endringer i skattelovgivingen må finansiere populær politikk for «folk flest», om de skal lykkes.

---

225   OECD. (2021, 1. juli). Members of the OECD/G20 Inclusive Framework on BEPS joining the Statement on a Two-Pillar Solution to Address the Tax Challenges Arising from the Digitalisation of the Economy as of 31 August 2021.

Skal man få bukt med det interne transaksjonssystemet som er i bruk i dag, er løsningen uansett en *enhetlig* beskatning av selskaper: Transocean, Apple, Starbucks, Google og alle de andre bør beskattes som de faktiske konsernene de er, med en fordelingsnøkkel mellom stater hvor det inngår faktorer som salg, materielle investeringer og lønninger. Dette systemet fungerer i dag internt i USA. EU har forsøkt å få til en slik løsning siden 2011, blant annet ved å iverksette det nå smått legendariske CCCTB-direktivet[226]. Det ble vedtatt i Europaparlamentet, men ble stoppet av *the usual suspects*, altså EUs egne skatteparadiser, som ikke hadde lyst til å gi slipp på de skitne inntektene sine.[227]

I løpet av de siste årene har EU gitt direktiver for det administrative samarbeidet mellom medlemstaters skatteetater, og Norge har iverksatt flere av dem. Ett handler om opplysningsplikt, som først ble erklært som irrelevant for EØS-land.[228] Direktivet pålegger skatterådgivere, regnskapsførere, advokatfirmaer og banker å rapportere aggressive, transnasjonale skatteplanleggingsavtaler til skattemyndighetene i sine respektive hjemland.[229] Ifølge skatteunndragelsesutvalget kunne reglene ha en preventiv effekt.[230]

---

226 Common Consolidated Corporate Tax Base, som løselig kan oversettes til «allmenn konsolidert næringslivsskatt».
227 Mahony, H. (2015, 17. juni). «EU in new push for common corporate tax base». *EUobserver.com*; En av *the usual suspects*, Storbritannia, har siden gått ut av EU og er nå på god vei til å bli det største skatteparadiset – og en av de mest mislykkede statene – i Europa.
228 *NOU* 2019: 15. (2019). «Skatterådgiveres opplysningsplikt og taushetsplikt — Forslag til opplysningsplikt om skattearrangement». Finansdepartementet.
229 DAC6: «EU directive against aggressive tax arrangements»: https://www.ing.com/About-us/Compliance/Automatic-Exchange-of-Information-AEOI/DAC6.htm; se også ppro.blombergtax.com/brief/complying-with-dac6
230 *NOU* 2019: 15: pkt. 10.2

KAPITTEL 4

Og da er vi tilbake ved vår case, altså salget og kjøpet – og salget og kjøpet og salget og kjøpet – av Polar Pioneer i mai 1999. Om direktivet om opplysningsplikt hadde vært innført den gangen, ville de tre tiltalte i saken, og trolig også arbeidsgiverne deres, vært pliktig til å rapportere skatteskjemaet ved salget til skattemyndighetene. Som vi har sett, går dagens opplysningsplikt ut på dato etter en viss, ubestemt tid. Hva om den ikke gjorde det? Ville Koch og de andre fremdeles ha gått god for de akrobatiske transaksjonene – og blitt frikjent av domstoler?

Når det er sagt, har arbeidet med endring av den eksisterende lovgivingen som regulerer store selskapers skatteunndragelse, gått pinlig langsomt. Margrethe Vestager, kommissær for konkurransesaker i EU og en Jeanne d'Arc i krigen mot flernasjonale selskapers bruk av skatteparadiser, har tapt rettssaker mot Apple og Amazon.[231] Hun vant mot Google, Starbucks og Nike, som alle – forutsigbart nok – anket dommen. Først i juli 2022 fikk hun støtte fra EU-landene om forslaget om en lov for digitale markeder, som skal begrense makten til gigantiske internasjonale teknologiselskaper.

Å innføre nye skattelover for flernasjonale selskaper minner mye om kampen for å regulere tobakksindustrien eller om arbeidet for likestilling. Mektige interesser – politiske, økonomiske og ideologiske – har ubegrenset med ressurser, juridiske muskler og kanskje til og med støtte i en stor minoritet av folket

---

231 Se https://www.cuatrecasas.com/en/global/competition-eu-law/the-commission-appeals-the-judgment-annulling-apples-obligation-to-repay-13-billion-euros; se også https://www.ft.cm/conten/2716f53a-f601-4341-bcf1-781b62daea4a; Europarådet (2022, 28.juni), *DMA*: «Council gives final approval to new rules for fair competition online». *Rådet for Den europeiske union.*

og kjemper med nebb og klør for å stoppe eller forsinke faktisk endring. Det gjelder like mye for forskjellige forslag til løsninger på klimakrisen[232] som for kampen for å få bukt med skatteparadiser.

Men endring kommer – om så bare fordi vi lever i vaktbikkjedemokratiets tidsalder. I dag har idealistiske interesseorganisasjoner, aktivister og gravejournalister et enestående potensial for å avdekke de tilsynelatende uovervinnelige flernasjonale selskapenes overtredelser og forbrytelser, det være seg innen finans eller mot mennesker og miljø. I løpet av de siste tiårene har det vokst frem et globalt og digitalt torg der engasjerte borgere verden rundt kan møte opp, identifisere kjeltringen, evaluere skaden og konfrontere demokratiske myndigheter dersom de er passive tilskuere til – eller medskyldige i – et pågående internasjonalt ran.

Hvilken spådom vil vise seg å være sann? Er det Bulloughs dystopiske Pengeland-pessimisme eller Pikettys og Zucmans beherskede optimisme?

---

232 Kvamme, O. D. (2022, 6. mars). «Sier ja til karbonskatt med rettferdig fordeling». *Forskning.no*.

Kapittel 5

Norsk fredsmisjon etter Terje Rød-Larsens evangelium

I norsk kultur og politikk finnes det få kreative bedragere, men Knut Hamsun skrev to mesterverker om begavede svindlere.[233] Hovedkarakteren Nagel i *Mysterier* er en fascinerende sjarlatan som gjør bisarre ting i en rettskaffen norsk småby, og som forsvinner like brått som han dukket opp. Han er en påfugl i et hønsehus: Han har en spennende, sjarmerende personlighet og er en magnetisk historieforteller. Han koreograferer sine raid på byen i forsøk på å imponere, blende og forvirre. I starten blir han ønsket velkommen, men etter en stund mister han kontrollen over sine løgner. Historiene hans viser seg å være fantasier som skal kompensere for hans halvbakte, narsissistiske selv. Gradvis mister han det lokale felleskapets tillit og veksler fra arroganse til ydmykhet, fra selvtilfreds trass til fortvilelse. Til slutt forsvinner

---

233   Irsk, polsk og britisk kultur og politikk er derimot full av dem, tenk på verker av Witold Gombrowicz eller John Synge, eller på politikere som Charles Haughey eller Boris Johnson.

han i vanære, og byen gjenvinner sin uskyld og sin smålige, forutsigbare rettskaffenhet.[234]

Et lignende scenario finner vi i *Pan*: Den teatralske vandreren og lystløgneren Glahn invaderer et samfunn i fredelig norsk periferi. Som Nagel er Glahn både naturelsker og født skuespiller – og ekspert på sosial forførelse. I intervallene mellom mystiske transer i skogen pønsker han ut sine flamboyante tokter i den lukkede vesle verdenen. Som Nagel klarer han først å begeistre og fascinere innbyggerne med sine dristige skøyerstreker og ukonvensjonelle ideer – og som Nagel blir han avslørt som en demoraliserende bedrager som har forrådt samfunnets tillit. Nagel og Glahn deler dessuten et annet karaktertrekk: De drømmer om berømmelse og storhet. «Det blir snart en stor Mand i hver Komune», erklærer Nagel: «Men fremfor alt siger jeg: det gælder at skælne det højeste fra de høje Geni, at holde det højeste oppe, saa det ikke drukner i Almindelighet, i Geniernes Proletariat.»[235]

Vår hovedperson i dette kapitlet deler flere trekk med Hamsuns karakterer. Som Nagel og Glahn drømmer han om storhet. Som dem er han en karismatisk og oppfinnsom skuespiller som hypnotiserer sitt publikum med sine kreative prosjekter. Men til forskjell fra Nagel og Glahn klarte han i en liten evighet å heve seg over «geniernes proletariat». I 1993 gjorde han noe tilsynelatende umulig: Han fikk i stand en fredsavtale mellom israelere og palestinere. Som Nansen ble han et symbol på godartet norskhet, både hjemme og i utlandet: Han grunnfestet Norges offisielle ansikt som fredsnasjon. På toppen av karrieren ble han president og kre-

---

234 Hamsun, K. (1992). *Mysterier*. Gyldendal.
235 Hamsun (1992): 434.

ativ fredsentreprenør for det prestisjetunge International Peace Institute (IPI) i New York.[236] Han og hans kone ble udødeliggjort i J.T. Rogers' skuespill *Oslo*, som gikk på Broadway og Londons Royal National Theatre og vant flere høythengende priser i 2017. Livet deres ble ytterligere romantisert i HBO-filmen *Oslo*[237] (2021), basert på skuespillet.

Vi snakker selvsagt om Terje Rød-Larsen. Til forskjell fra de mislykkede, kreative nevrotikerne Nagel og Glahn så Rød-Larsens berømmelse og storhet lenge ut til å være like sterk og varig som en Rolls-Royce-motor. Så sent som i 2017 ble han utnevnt til kommandør av Æreslegionen av en tidligere fransk president. Hans gode navn og rykte forble ubestridt, tilsynelatende upåvirket av spredte hentydninger om uvilje mot å betale skatt.

Kort sagt: Rød-Larsens karriere blomstret, helt til overmotet omsider fikk sin straff. I 2020 ble han fanget *in flagrante delicto* – som leder av fredsinstituttet i New York – og anklaget for forbindelser til sexovergriperen Jeffrey Epstein. Den påfølgende skandalen var like pinlig som den var symbolsk: En mann som var et ikon av tillitsbygging, misbrukte den norske tilliten. Strengt tatt gjorde han ikke noe «unorsk» eller i utakt med vanlige normer og standarder slik de ble praktisert av norske velferdspilarer som Equinor, Telenor eller hybelboende stortingsrepresentanter. Forskjellen var at Rød-Larsen først hadde besteget tronen i det nasjonale tillitsteatret, for så å bli tvunget til å abdisere som resultat av avsløringer om hans fatale kameraderi med Epstein.

---

236 Ifølge IPIs nettside er instituttets oppgave å legge til rette for at man kan forhandle frem multilaterale løsninger som skal gjøre slutt på konflikter ved bruk fredelige hjelpemidler.
237 Sher, B. (Regissør). *Oslo*, film. IMBd.

KAPITTEL 5

Vanligvis får mektige, men «mer prosaiske» norske syndere en dispensasjon fra det norske folket – og en sjanse til å rydde opp. Men det finnes ingen dispensasjon for legender.

I 2020 ble Terje Rød-Larsen nødt til å gå av ved International Peace Institute i New York, med et rykte som nå var slitt i fillebiter. Kevin Rudd, den tidligere australske statsministeren som leder IPIs styre, insisterte på at verken Rød-Larsens sikring av donasjoner fra stiftelser knyttet til Jeffrey Epstein eller personlige lån fra Epstein hadde vært meldt til IPIs styre. «Epstein's crimes were hideous», sa Rudd. «The notion that IPI would be in any way engaged with such an odious character is repugnant to the institution's core values.»[238]

Etter hvert viste det seg at den legendariske fredshelten hadde flere enn ett svin på skogen. Journalister, bloggere og forskere har frembrakt en mengde fakta og tall, og har gitt oss en omhyggelig rekonstruksjon av alle millionene Rød-Larsen tjente; millionene som forsvant ved hjelp av oppfinnsomme skatteunndragelser, og millionene som ble fisket ut av norske

---

238 Sitert i Berglund, N. (2020, 2. november). «Famed diplomat resigns in shame». *NewsinEnglish.no*; Den norske Riksrevisjonen, som gransket pengetrafikk mellom UD og Terje Rød-Larsens tankesmie i New York, konkluderte at Utenriksdepartementet brøt saksbehandlingsregler ved ikke å kontrollere hvordan IPI brukte norske midler. Ifølge *Dagens Næringsliv* bevilget UD 116 millioner til IPI i løpet av Rød-Larsens periode som sjef. Terje Rød-Larsen selv fikk 6,7 millioner dollar fra IPI i løpet av de 14 innrapporterte årene siden 2005; Se Oterholm, G. & Gjerstad, T. (2020, 16 november). «UD ga Rød-Larsens tankesmie over 100 millioner – Riksrevisjonen gransker habiliteten». *DN.no*; Se også Eilertsen, T. (2021, 3. juni). «Riksrevisjonen med hard kritikk av tilskudd til Terje Rød-Larsens tankesmie». *Aftenposten.no*.

skattebetaleres lommer.²³⁹ Bevisene vitner om et kobbel av uoppklarte – eller halvt oppklarte – skandaler:

- Fiskeriprosjektet Fideco (1984–1992), hvor Rød-Larsen var markedsdirektør, skulle skape en renessanse – og hundrevis av arbeidsplasser – i Nord-Norge i 1980- og 1990-årene. Men renessansen ble til en barokk flopp som kostet 80 millioner kroner – for det meste offentlige penger – uten at det ble opprettet en eneste varig arbeidsplass. Historien endte i Honningsvåg 29. januar 1992, da tolv tonn krepsehaler fra anlegget i Nordvågen ble dumpet på fyllingen.²⁴⁰ Etter at prosjektet kollapset, var det bare én mann som hadde tjent penger på foretaket, og det var Rød-Larsen. Han solgte aksjer – et resultat av en tilbakedatert opsjonsavtale – for 600 000 kroner like før konkursen. Hvordan klarte han å slippe unna? Hvorfor skattet han ikke av beløpet?
- Økokrims etterforskning av Rød-Larsens tidligere skatteunndragelse førte til 50 000 kroner i bot og endte i desember 1996 hans 35 dager lange karriere som Arbeiderpartiets planleggingsminister. Han godtok boten, men nektet skyld og ga nasjonen den nå famøse avskjedskommentaren: «Dette har jeg ikke fortjent.»²⁴¹ Det var tydeligvis den neste, borgerlige

---

239 Se bl.a. en serie artikler av Tore Gjerstad og Gard Oterholm i *Dagens Næringsliv*: Oterholm, G. & Gjerstad, T. (2020, 14. oktober). «Norwegian newspaper DN reveals: Diplomat Terje Rød-Larsen owed Jeffrey Epstein $130,000». *DN.no*; Gjerstad, T. & Oterholm, G. (2020, 22. oktober). «Leon Black did like his adviser Jeffrey Epstein – gave anonymously to UN-affiliated think tank». *DN.no*; se også Waage, H. H. (2023). «Fredens mester? The 'true story' om Norge og freden i Midtøsten», *Fortid*, under publisering.
240 Eriksen, A. (1992). «Fideco-eventyret: Rosa japper i fiskefarse», *Stallo*: 15.
241 Se Dagbladet 28. november 1996; sitert i Stordalen, M. (2001). *Terje Rød-Larsen: fra helt til skurk. En case-studie av politiske journalister som aktører, og nyhetsmediens institusjonelle aktørrolle*, hovedoppgave. Universitetet i Oslo.

regjeringen enig i, siden den i januar 1998 ga ham jobben som ambassadør med ansvar for fredsforhandlingene i Midtøsten. Året etter ble han FNs visegeneralsekretær for Midtøsten.
- Under arbeidet med forskningsprosjektet om Osloavtalen oppdaget Hilde Henriksen Waage at alle dokumenter fra osloprosessen var forsvunnet fra Utenriksdepartementets (UD) arkiv.[242] Rød-Larsen innrømmet motvillig at han hadde et stort privat arkiv fra de hemmelige forhandlingene, men nektet å gi forskerne tilgang til det, selv etter at riksarkivaren påpekte at det var et brudd på norsk arkivlov. Hvorfor håndhevet ikke UD arkivloven? Henriksen Waage konkluderer at ved å «beskytte kildematerialet» sikret Terje Rød-Larsen seg kontrollen over dokumentene: «Enhver person og/eller institusjon som i framtiden skal håpe på å få tilgang til dokumentene, må ha Rød-Larsens fulle tillit».[243]
- «Fredsprisbråket» oppsto da pressen i 2002 oppdaget at Rød-Larsen og hans kone Mona Juul hadde mottatt en pris på 100 000 dollar fra israelske Peres' fredssenter, uten å oppgi det til UD. Dette var altså et klart brudd på regelverket, som sier at alle summer over 500 kroner skal rapporteres. Pressen var særlig hard mot Juul, som fikk en skriftlig irettesettelse fra UD og *nesten* mistet jobben som Norges ambassadør i Israel.[244] Hvorfor og hvordan fikk hun beholde stillingen?

---

242 Waage, H. H. (2004). «Peacemaking Is a Risky Business: Norway's Role in the Peace Process in the Middle East, 1993–96», *PRIO Rapport 1*. PRIO.
243 Se Waage 2023; Se også Waage, H. H. (2008). «Et norsk mysterium – de forsvunne dokumentene fra fredsprossessen i Midtøsten». *Historisk tidsskrift*, Bd. 87: 300.
244 Terje Rød-Larsen mente at han fortjente «prisen» og nektet å returnere penger eller å betale skatt. Mona Juel, tvert imot, ga opp sin del av pengene. For en dyptgående diskusjon av medias rolle, se Sjursen, Å. V. (2003). *Ta fra dem all ære*, hovedoppgave i medievitenskap. Universitetet i Bergen; Stordalen 2001

- Rød-Larsen kjente til Epsteins kriminelle fortid, men tok imot anonyme donasjoner og skyldte ham nærmere 130 000 dollar da Epstein ble funnet død i sin celle i 2019. Andre som hadde fått penger fra Epstein, som Massachusetts Institute of Technology (MIT), beklaget dypt og inderlig og ga pengene tilbake så snart man der ble klar over Epsteins forbrytelser.[245] Hvorfor slapp Terje Rød-Larsen unna så lenge?
- I 2019 nektet Rød-Larsen å dokumentere hvordan han og hans kone hadde fått kjøpe en luksuriøs leilighet på 335 kvadratmeter på Frogner – i et bygg kjent som «Sverreslottet» – til flere millioner under markedspris.[246] Han ville heller ikke legge frem dokumentasjon for kjøpet av et landsted i Oslofjorden eller investeringer i en overdådig villa på den greske øya Paxos.[247]

Her må vi stoppe. Noen av disse sakene har kanskje en rasjonell, uskyldig forklaring. Andre forbrytelser er påfallende og dokumentert. Men får vi lov å betrakte Terje Rød-Larsen som en kyniker som forførte oss alle? Husk at det har vært mange grunner til hans meteoriske stigning mot stjernene. Den første var hans formidable evne til å bygge broer og forene motsetninger. Den andre var hans genuine ferdigheter som fredsarkitekt: en forening av lidenskap, kommunikasjons- og samarbeidsevne.

---

245 En av de ansvarlige ved MIT lovet dessuten å gi en donasjon tilsvarende summen han hadde mottatt av Epstein, til en veldedighetsorganisasjon for ofre for seksuell menneskehandel.

246 Selgeren var Morits Skaugen, en skipsreder som også var en bekjent av Epstein. Prisen var 14 millioner kroner (litt mer enn da den sist ble omsatt i 2011), langt under markedspris; Se Oterholm, G. & Gjerstad, T. (2019, 18. desember). «Her fikk Terje Rød-Larsen og Mona Juul kjøpe en leilighet av skipsreder Morits Skaugen flere millioner under markedspris». *DN.no*.

247 Se også Gjerstad & Oterholm 2020, 26 november; se også Andresen, Ø. (2022, 22. september). «Det finnes ikke korrupsjon i Norge». *Andresens blogg*.

Den tredje, som sjelden blir nevnt i psykologiske analyser av stjerneledere, har vært talentet for å velge riktig kvinne å arbeide med – en erfaren politiker og diplomat og en usedvanlig allsidig kone – Mona Juul. Sammen var de dynamitt.

Samtidig har vi mer enn nok bevis til å antyde at Rød-Larsen tilhører den sjeldne kategorien mennesker som fikk tillatelse av sine overordnede, det vil si UD, Arbeiderpartiet og FAFO[248], til å heve seg over loven og bli rik på veien. Han er selvsagt ikke et unntak: Det finnes en klasse av politikere – velsignet med flaks, ubegrensede ressurser og en direktelinje til sitt kjernepublikum – som, i alle fall opp til et punkt, er immun mot beskyldninger og rettsforfølgninger. Dette er folk som Berlusconi, med «bunga bunga»-fester som bare bekreftet hans evige ungdom og virilitet. Eller som Donald Trump, med sine mange angrep på det amerikanske demokratiet og sine vulgære, groteske uttalelser og avsløringer som ville ha avsluttet de fleste politikerkarrierer, men som bare gjorde ham enda mer populær blant republikanske velgere. Blant «alfahannene» kan vi også ta med Boris Johnson og Jair Bolsonaro – og for den del Vladimir Putin. I alle slike tilfeller kan skamløse individer åpenlyst utføre sine nedrige handlinger, ikke fordi de er rike og har tilnærmet grenseløs makt, selv om de gjerne har det også, men fordi en stor nok del av folket gir dem sin tilslutning over relativt lang tid. Som en moralsk trøst kan vi si at det i skrivende stund ikke er så mange av disse (eks)bossene som gjør det særlig bra.

Tilbake til Rød-Larsen: I dette kapitlet er vi mindre opptatt av hans pikante utskeielser og mer interessert i å kaste lys over

---

248 Fagbevegelsens senter for forskning, utredning og dokumentasjon (FAFO).

den skjebnesvangre kraften i den institusjonaliserte og *offentlige* tilliten som preger norske forsøk på å oppnå avtaler om fred eller forsoning. Rød-Larsens karriere har, i hvert fall delvis, vært basert på et åpenbart misbruk av denne tilliten. Spørsmålet er hvorfor denne misbruken ble tolerert, om ikke ansporet, av de statlige organisasjonene som ga ham internasjonale toppjobber og innpass hos planetens allmektige eliter. Hvilke indre sammenhenger lå bak tillitspatologiene? Hvem var Rød-Larsens mest mektige beskyttere? Hvorfor tok det så lang tid for det irriterende edruelige, hamsunske samfunnet å våkne opp og forvise en ikke-konformist og uortodoks drømmer fra sin indre sirkel?

Vi får ikke svar på disse spørsmålene bare gjennom analyser av svakheter i norske statsinstitusjoner. Vi må belyse to faktorer som spilte en sentral rolle i mekanismene som gjorde at Terje Rød-Larsen kunne bli nasjonalhelt. Den første faktoren er kraften i hjemlige mytologier, som han utnyttet for å kunne forføre sine landsmenn og bli innlemmet i de store nasjonalheltenes minnehall. Den andre er overfloden av tillit som ble ham til del fra statlige, norske institusjoner.

Tillit, mistro og *mission impossible*

Opphavet til Osloavtalen var, ifølge Terje Rød-Larsen selv, et scenario som vil få selv den mest kyniske nordmann til å svulme av stolthet. I et intervju med skaperne av teaterstykket *Oslo*[249] forteller Rød-Larsen hvordan han tok seg fri og ble med

---

249 Videointervju med Terje Rød-Larsen på International Peace Institute, 29. mars 2017. www.ipinst.org

ambassadørhustruen Mona til Kairo. Kjedsommeligheten fordunster idet han på en mottagelse i ambassaden møter Yasser Arafats bror, som overtaler ham til å besøke Jerusalem og Gazastripen for å undersøke levevilkårene til den palestinske befolkningen. Det er her Rød-Larsen får en åpenbaring som endrer livet hans: Idet han snubler inn i en trefning mellom israelske soldater og unge palestinere som kaster stein, ser han «frykt og engstelse i øynene til unge menn på begge sider».[250] Han bestemmer seg for at noe må gjøres – «en vanvittig og stormannsgal idé» – men han gjennomfører likevel.

Rød-Larsens fortelling om opprinnelsen til Osloavtalen er et dramaturgisk mesterverk: Mens han venter på tillatelse til å studere forholdene på Gazastripen nærmere, blir han kjent med lederne på begge sider. Han studerer organiseringen av de pågående forhandlingene i Madrid og Washington, og finner ut at denne er helt feil: Delegasjonene er for store, motpartene bor ikke på samme hotell, og Palestine Liberation Organization (PLO) – en avgjørende aktør – er ikke med i samtalene. Og så gjør Rød-Larsen det bare en «naiv» nordmann ville våge å gjøre: Helt på egen hånd, under FAFOs semiformelle paraply, lager han fra januar til mai 1993 en koselig bakkanal – eller et dukketeater – for ukonvensjonelle, hemmelige forhandlinger mellom små grupper av palestinere og israelere. Han plasserer dem på en staselig herregård i fredelige naturomgivelser i Sarpsborg, ber dem om å dele frokost, middag og drikke og retter søkelyset på å bygge tillit og personlige bånd. Tillit er evig

---

250 Videointervju med Terje Rød-Larsen på International Peace Institute, 29. mars 2017. www.ipinst.org

viktig, ikke bare mellom uforsonlige parter, men til Norge og de norske aktørene.

Fire kulturelle trekk kjennemerker Rød-Larsens strategi: 1) Ideen hans om en dristig, ukonvensjonell «privat politikk», basert på en blanding av banebrytende ideer, oppfinnsom uredelighet og en god dose flaks; 2) overbevisningen hans om at møter mellom radikale fiender bare kan lykkes i uformelle og uhøytidelige settinger som utstråler «osloånden», og som tilbyr et rolig tilfluktssted for krigerske motparter; 3) hans evne til å tøyle sin egen stormannsgalskap og innta en ydmyk rolle som tilrettelegger; 4) hans unike evne til å overtale gjestene om at han og hans kone var de eneste menneskene palestinerne og israelerne kunne stole på, siden hans og hennes inngripen var rent idealistisk, tilsynelatende fri for politisk manipulasjon og uten personlig eller økonomisk vinning. Det spilte ingen rolle om de edle motivene var sanne eller ikke. Rød-Larsen var borger av en nasjon som mener at hvis fred er problemet, er Norge løsningen. Denne overbevisningen har vært en kollektiv *foma*, for å bruke den amerikanske forfatteren Kurt Vonneguts uttrykk.[251] Foma – eller en «halvsannhet» – er ikke det samme som en «halvløgn». Foma får næring fra nasjonale drømmer opplevd som ekte og rene av folk flest, med unntak av den selvpiskende intelligentsiaen, så klart.

Det kanskje mest slående for en kulturhistoriker er at Rød-Larsen fulgte den norske drømmen om å gjøre verden til et bedre sted. Og mer enn det: Hans fremgangsmåte brøt ikke janteloven. Han så ikke ut til å tro at han «var noen»; i forhandlingene ga

---

251 Vonnegut, K. (1998). *Cat's Cradle*. Dell Publishing: 1.

han seg tvert imot ut for praktisk talt å være en ubetydelighet. Kanskje gjorde han dette i sin fortreffelige klokskap. Kanskje gikk han ut fra at ydmykhet betaler seg; risikoene var nesten ufattelig store og kunne ha avsluttet karrieren til både ham og hans kone. Kanskje var han en genial tillitsbygger. I Thorbjørn Jaglands *Du skal eie det selv* (2020) skriver den tidligere statsministeren at Rød-Larsen er «den eneste nordmann jeg kjenner til som har hatt og fortsatt har så å si fri adgang til verdens statsledere».[252] Det forklarer noe. Om han har hatt tilgang til ledere, konger, prinser og korrupte oligarker, er det ikke fordi han har vært en brautende norsk cowboy. Han fikk deres tillit fordi han – intelligent og forførerisk – spilte på de norske dydene toleranse, ydmykhet og dugnadsånd.

«Vi ville lage en plattform som vi så kunne overrekke amerikanerne», mintes han i et intervju:

> Men i mai sa palestinerne og israelerne at 'vi har ikke lyst til å gjøre det i Washington, vi har lyst til å gjøre det med deg, i Oslo'. Dette overgikk alle våre drømmer. Og den spektakulære seremonien der avtalen ble underskrevet på plenen utenfor Det hvite hus var uvirkelig for oss […]. Til og med i skjebnetimen, når ting ser fullstendig håpløse ut, er det mulig å gjøre det umulige.[253]

---

252   Jagland, T. (2020). *Du skal eie det selv: memoarer fra et politisk liv*. Cappelen Damm: 267.
253   Videointervju med Terje Rød-Larsen på International Peace Institute, 29. mars 2017. www.ipinst.org

Nasjonale myter og en «konstruktiv tvetydighet»

«Å gjøre det umulige» er en magisk frase, inngravert i den norske folkesjelen som runer i granitt. Terjes og Monas dristige «bragder» var så i takt med sagaene, med norsk folklore og med Nansens vågestykker at de har forblitt beskyttet og immune mot rystelser utenfra. Ikke engang Osloavtalens bunnløse nederlag har ødelagt deres magi som de kollektive minnenes arkiv.

Dette til tross for at en rekke journalistiske funn og vitenskapelige studier har stilt kritiske spørsmål ved norske fredmisjoner og Rød-Larsens selvforherligende myter.[254] Ifølge Hilde Henriksen Waage spilte Norge en merkelig grotesk, ja til og med nedverdigende rolle i fredsprosessen, nesten som en «Israels løpegutt»; en rolle som ikke endret noe. Snarere forsterket norsk engasjement den eksisterende konflikten:

> Det asymmetriske maktforholdet mellom Israel og palestinerne var fortsatt like asymmetrisk, og Norge var akkurat så lite og maktesløst som Norge alltid før hadde vært. Nordmennene anstrengte seg for

---

254 Se Waage (2004); Butenschøn, N. (1997). *The Oslo Agreement in Norwegian Foreign Policy* (CMEIS Occasional Paper no. 56). Centre for Middle Eastern and Islamic Studies, University of Durham; Waage, H. H. (2007). «The 'Minnow' and the 'Whale': Norway and the United States in the Peace Process in the Middle East». *British Journal of Middle Eastern Studies*, 34(2): 157–176; Waage 2023; Makovsky, D. (1996). *Making Peace with the PLO: The Rabin Government's Road to the Oslo Accord*. Westview; Nissen, A. (2016a). «Guatemala: Fra norsk-initiert dialog til FN-ledet prosess». I M. Fixdal (Red.), *Fredsmegling i teori og praksis* (s. 49–84). Cappelen Damm Akademisk; Nissen, A. (2016b) Nissen, A. og Waage, H.H. (2021). «Lite land, stor vilje. Norges internasjonale fredsengasjement» i Pharo, H. Ø., et al. *Historiker, strateg og brobygger. Festskrift til Rolf Tamnes 70 år.* Pax: 241–260; Pharo, H. Ø. (2005). «Den norske fredstradisjonen – et forskningsprosjekt». *Historisk tidsskrift*, 83 (2).

å oppnå en viss symmetri i prosessen, men dette kunne ikke endre realitetene på bakken. De faktiske maktstrukturene kunne aldri endres ved å tilby israelere og palestinerne like hotellrom, like biler eller samme mat. Det var Israel som satte betingelsene, og det var Israel som bestemte spillereglene.[255]

Når dette er sagt, har Hilde Henriksen bare delvis rett når hun insisterer på at paret Rød-Larsen var et redskap for å tjene Israels eller USAs interesser. Det er rett og slett vanskelig å akseptere at den norske intensjonen bak Osloavtalen var å tjene Israel og knuse Palestina. Riktignok var den norske *foma* en halvsannhet som spilte på lag med et pragmatisk behov etter slutten på den kalde krigen for en ny retning i den norske utenrikspolitikken – den såkalte engasjementspolitikken.[256]

Sett fra perspektivet i vår bok representerer Terje Rød-Larsens case et frapperende eksempel på en dobbel tillitspatologi. Den første dreiet seg om hans utrettelige og villede tillit til kraften i tillit. I sin iver etter å løse de «onde problemene» der og da var han dernest villig til å la gjenstridige temaer og spenninger forbli u(for)løst. Den andre tillitspatologien var større enn Terje Rød-Larsens tro på egne evner. Den hadde å gjøre med norsk politisk tradisjon og dens forherligelse av dialogens makt. Som Henriksen Waage har påpekt, handlet ikke Rød-Larsen-paret alene i en avgjørende fase av forhandlingene; Terje og Mona hadde betydelig økonomisk politisk og økonomisk støtte fra UD og Arbeiderpartiets stjerner, fra den karismatiske

---

255 Waage (2023)
256 Waage, H. H. (2000). «Norwegians? Who needs Norwegians?» Explaining the Oslo Back Channel: Norway's Political Past in the Middle East (*Evalueringsrapport* 9/2000). PRIO: 44.

statssekretæren Jan Egeland, utenriksminister Johan Jørgen Holst og utenriksminister Thorvald Stoltenberg til Gro Harlem Brundtland og Thorbjørn Jagland.[257] Det er også viktig å merke seg at den norske måten å drive politikk på var basert på utsettelse av brutale beslutninger og langtrukne forhandlinger som gir de stridende partene tid til å endre mening og gjenåpne en dialog på et senere stadium.[258] I skandinaviske sosialdemokratier har kompromisser uten forpliktelser, uttrykt i flertydige formuleringer, alltid vært det foretrukne valget i møte med håpløse konflikter eller uløselige dilemmaer. «Konstruktiv tvetydighet» – et konsept som ofte blir tilskrevet Henry Kissinger[259] – ble brukt for å bringe til veie og akseptere en uklar tekst som angivelig skulle åpne for at begge parter kunne fremme sine interesser i fremtidige forhandlinger.

Som norsk akademiker og politiker var Rød-Larsen en mester i konstruktiv tvetydighet. Han kom tross alt fra en utkant av verden der konstruktiv tvetydighet er en kulturelt akseptert strategi for behendig å slippe å forholde seg til spenninger som ikke kan forløses; en forlengelse av ønsket om forandring mens man beholder ting som de er. Det er en så å si økologisk måte å løse problemer på: En langsom og gradvis tilpasning er mer forlokkende enn å skulle fremtvinge et radikalt paradigmeskifte.

---

257 Waage 2000: 72.
258 Se Brandal, N. (2018). «Between individualism and communitarianism: The Nordic way of doing politics». I N. Witoszek & A. Midttun (Red.), *Sustainable Modernity: The Nordic Model and Beyond*. Routledge, 160–186.
259 I 1970-årene brukte Kissinger *constructive ambiguity* som en forhandlingsteknikk som lar språket være vagt og tåkete, og som dermed tilbyr partene en avtale som ser ut som suksess. Alt dreiet seg om semantikk og tolkning; se Mehdi, A. (2017, 6. april). «The Fact and Fiction of the Oslo Accords (forbes.com)». *Forbes.com*.

KAPITTEL 5

Sett gjennom norske briller tenkte kanskje Rød-Larsen at det var bedre om de sentrale stridspunktene mellom palestinere og israelere forble tåkete, heller enn å forsøke å tvinge begge sider til å godta posisjoner og gjøre innrømmelser som kanskje ville ødelegge for måneder med omhyggelig arbeid. Men den konstruktive tvetydigheten som gjennomsyrer mange elementer i Osloavtalen, viste seg å være fatal. I stedet for å få partene til å forholde seg til en virkelighet hvor uunngåelige kompromisser var nødvendig, ga den hver side mulighet til å holde fast ved sin egennyttige tolkning av hva avtalen innebar, og til å fortsette med akkurat den oppførselen som hadde ødelagt tilliten på den andre siden.

Kanskje visste Rød-Larsen, i sin dypeste (under)bevissthet, at den konstruktive tvetydigheten ikke førte noen steder. Han var jo en superintelligent og erfaren bedrager fra før. Han måtte ha visst at det å tvinge et optimistisk og harmonisk skandinavisk ideal på Midtøstens tenkesett fører med seg stor risiko for politiske tabber. Kanskje hans koreografering av osloprosessen ikke var så blåøyd som man tror? Kanskje var den en kalkulert gambling hvor Rød-Larsens egen – og den norske statens – lengsel etter heder og ære sto på spill?

I dag er Osloavtalen død – men ikke helt. Den er som en Schrödingers katt: både død og levende. Engasjementspolitikk lever i alle fall utvilsomt videre. Norges tro på sin banebrytende rolle som freds- og tillitspioner i den krigerske verdenen forblir uberørt, til tross for tidligere tabber og fadeser. Kanskje det var «Oslos ånd» som steg ned i hodet på norske makthavere da de inviterte en delegasjon fra Taliban – inkludert brutale slaktere som toppsjefen Hibatullah Akhundzada – til Oslo i januar 2022?

Samtalene mellom Taliban og afghanske aktivister ble beskrevet som «seriøse» og «ektefølte» av statsminister Jonas Gahr Støre, som mente at norsk-afghansk *rendez-vous* bidro til å lette på den humanitære krisen i Afghanistan.

«[Samtalene] er ikke en anerkjennelse [av Taliban-regimet]», sa Støre. «Det er bare et rammeverk for å snakke med [og] gi klare beskjeder til Taliban og fremføre [internasjonale] forventninger […]. Så dette er, tror jeg, et tiltak som gjør det mulig å stille de som har makten i Afghanistan til ansvar.»[260]

Ingen trodde at Taliban kunne bli omvendt over natten, men det kom likevel som et sjokk da alle løftene etter det omstridte norgesbesøket ble brutt: Talibans undertrykkelse av jenter og kvinner ble bare enda mer forkastelig, og Afghanistan ble utarmet på grusomste vis. Mange eksilafghanere og menneskerettighetsorganisasjoner stemplet norske initiativer som eksempler på «naivisme».[261] Men er ikke «naivisme» i seg selv et naivt begrep som gjør at den skyldige parten blir frikjent og stående igjen som en *troskyldig* part? Og er ikke Jonas Gahr Støres plan med å føre dialog med Taliban like – eller til og med enda mer – «naiv» enn Terje Rød-Larsens forsøk på å få palestinere og israelerne til å snakke sammen? Det er for tidlig å stille den endelige diagnosen. Noen av våre informanter, blant andre tidligere utviklings-

---

260 Voice of America. (2022, 25. januar). «Norway Defends Hosting Talks with Afghan Taliban». *VOAnews.com*, vår oversettelse.
261 Harpviken, K. B. & Strand, A. (2022, 16. august). «Den smertefulle dialogen med Taliban». *Aftenposten.no*; Det er verdt å minne om at Solberg-regjeringen i 2015 inviterte Taliban til Norge, og gjennomførte møter der også afghanske myndigheter deltok. Tre representanter for Taliban ble utstyrt med dekknavn, skjult blant vanlige turister og fraktet til et fredsmeglingskurs på Akershus festning i regi av Forsvarets høgskole, se Nygaard, A., Fjelldalen, H. & Olsson, S. V. (2015, 25. mars). «Taliban hemmelig deltaker på fredskurs i Oslo». *NRK.no*.

minister Erik Solheim, insisterer på at man må være tålmodig når man jobber med samfunnsendring i et land som i årevis har vært et krigsteater og offer for vestlig imperialisme.[262] Vi vil likevel hevde at Talibans besøk i Oslo er et klassisk eksempel på tillitspatologi og moralsk hvitvasking.

Velsignet er fredsmeglerne, for de skal arve apokalypsen

Norsk kultur er full av forførende myter, men det finnes også noen myteknusere med kritikker som det er fristende å si seg enig i. I *Norske tenkemåter* hevder Terje Tvedt at den politiske eliten i Norge har slått fast at landet er og skal forbli en humanitær stormakt, noe som har gjort nordmenn til «kosmopolitiske narsissister».[263] Tvedt har for så vidt rett: Å tviholde på illusjonen om at man er den mest rettskafne nasjonen på planeten, kan i ytterste konsekvens gjøre verden ubegripelig for nordmenn, og gjøre oss «språkløse overfor de store historiske prosessene som hjemsøker samtiden». Vi ser poenget, men sett utenfra er kritikken like trettende som den er berettiget. For *alle* nasjoner er narsissistiske – de velter seg i de faktiske eller innbilte overgrep de har blitt utsatt for, de drømmer om storhet, de ønsker å bli enda større, de er blinde for sine forseelser og historieløse om sine

---

262 Samtale med Erik Solheim, 20. november 2022.
263 Tvedt, T. (2016). *Norske tenkemåter: Tekster 2022–2016*. Aschehoug: 15; Øystein Steiro har kritisert et «Engasjements-Norge» som «har statliggjort sivilsamfunnet og druknet floraen av kontingentbaserte, frivillige medlemsorganisasjoner i en flom av offentlige penger»; se Steiro, Ø. (2020, 17. desember). «Vår private, norske utenrikstjeneste». *Nettavisen.no*.

grunnleggelsesmyter. Er ikke alle nasjonale mytologier «hellige» og dermed «omgitt av en aura av moralsk uangripelighet»?[264]

Det er godt dokumenterte grunner til å mistro vakre mennesker i et vakkert land som forteller vakre historier om seg selv. Men merkelappen gjør et komplekst bilde uklart. Ikke bare undergraver den ofte genuin idealisme, gode intensjoner og edle ambisjoner blant de mange arbeidsbiene innen det Tvedt kaller det norske «humanitær-politiske komplekset»:[265] Den finner noe nedrig i et av de mest uimotståelige, positive selvbildene et lite – og egentlig ubetydelig – europeisk land kunne danne seg.

Sammenlign bare det norske selvbildet med den heller uappetittlige polske identiteten, forankret i fortellingen om en «Kristus blant nasjoner», som må lide før den kan bli gjenfødt. Eller med Russlands selvbilde som et evig offer for Vestens bedrag og hykleri. Eller med Storbritannia etter brexit og dronning Elizabeths død, med et folk som ennå ikke har kommet over tapet av imperiet, og som på kort tid har mistet både forankringen på kontinentet og landsmoderen og har havnet i et identitetsvakuum, ute av stand til å skape en mobiliserende fortelling om seg selv. Slike land risikerer å ende opp med paralyserte politikere og selvhatende borgere.

Ville det kanskje vært bedre å gjenoppfinne Norge som en grådig, oljeavhengig stat på toppen av Skandinavia, etter arabisk modell? Det ville jo et stykke på vei være *sant*, men frastøtende for både egne innbyggere og resten av verden. Eller kanskje Norge rett og slett burde presentere seg for omverdenen som et helt vanlig, kjedelig demokrati i utkanten av Europa? Dette

---

264 Tvedt 2016: 38.
265 Tvedt, T. (2017). *Det internasjonale gjennombruddet*. Dreyer: 8; Tvedt er ellers ikke den første som gjør en vri på Dwight Eisenhowers «militærindustrielle kompleks».

er jo *også* langt på vei sant, men hvor inspirerende er en slik fortelling? «Humanitær supermakt» høres kanskje pretensiøst ut, men «humanitær» maner frem et sug etter egen dydighet, og «supermakt» – eller bare makt – fremtvinger andres respekt.[266]

Fra prestene i opplysningstiden via dikterkonger som Wergeland og Bjørnson til eventyrere som Thor Heyerdahl og «dype» økologer som Arne Næss har Norge kultivert et bilde av seg selv som en nasjon av mennesker som elsker fred og natur.[267] Pasifistmyten masserer den norske sjelen. Den er som et bilde av elg i solnedgang: Fred er ikke bare en innbilt ambisjon, det er en erogen sone. Vi må heller ikke glemme at det norske ønsket om å hjelpe stakkarene der ute i verden går på tvers av ideologi, kultur og religion. På bedehus over det ganske land samler titusener av mennesker fremdeles inn penger til ulike misjoner, og mange som leser dette, vil ha vokst opp med barneforeninger, stadige kollekter til en eller annen misjon i Afrika og møter på forsamlingshus der misjonærers lysbilder av lykkelige barn på Madagaskar ga en varm følelse av å *bety* noe, selv på den «yderste nøgne ø».

Dersom nasjonalisme er trosbekjennelsen til et folk som angivelig tar feil om sitt eget lands opprinnelse, fortid og landegrenser, har nemlig *norsk* nasjonalisme – forankret i et skipar, et flagg, bunader, fjord, fjell, dugnadsånd, velferdsstaten, likestilling

---

266 Vi er enige med Clifford Geertz, som påstår at det å redusere nasjonale mytologier til kollektive bedrag riktignok kan gi kontrære, selvpiskende analyser og en behagelig følelse av stridslyst. Slike analyser kan være verdifulle, men de også skjuler de kreative, varige og historisk forankrede elementene i nasjonale representasjoner av et land som et moralsk fellesskap; se Geertz, C. (1973). *The Interpretation of Cultures*. Basic Books: 20.

267 Witoszek, N. (1998). *Norske naturmytologier: frå Edda til økofilosofi*. Pax.

og et hjerte for de fattige, sultende og undertrykte i resten av verden – derimot forsterket de menneskekjærlige heller enn de psykopatiske tendensene i det norske folk. Den har fått borgerne til å kjempe *for* andre fremfor *mot* dem. De humanitære ambisjonene – hamret inn i skolepensumer og allestedsnærværende i regjeringsdokumenter og institusjonelle agendaer og rapporter – kommer også til uttrykk i et av de høyeste nivåene av frivillighet i verden.[268] Til og med næringslivet har utfordret dogmet om at «business er business er business», og nordmenn har vært pådrivere i utformingen av FNs retningslinjer for næringsliv og menneskerettigheter og i å få dem på agendaen.[269]

Den nasjonale fredsmytologien er så rotfestet at den godt tåler at komikere parodierer og ironiserer over den, som i Ylvis' sang om supersamaritanen Jan Egeland: «Humble / Clever / And constantly working for peace / Uganda / Congo / […] When there's war and all is hell / Send in Jan Egeland! / The United Nations superhero man / […] He's a peacekeeping machine / [….] Oh, how I wish / That I was Jan Egeland!»[270]

Når dette er sagt, har fredsmytologien en hverdagslig dimensjon i den norske kulturen. Marianne Gullestad har demonstrert hvordan dyrkingen av fred og ro fungerer som sentrale kulturelle

---

268 Volunteer FDIP. (2023, 1. januar). «Countries with Highest Numbers of Volunteers: USA, Canada, Australia, UK, France, and Many More». *Volunteerfdip.org.*
269 Harvard-professor John Ruggie skapte et felles etisk-juridisk språk for alle involverte i prosjektet; se Sahl, I. (2010, 19. august). «Samler næringslivet til kamp mot rettighetsbrudd». *Panorama Nyheter*; se også Ruggie, J. G. (2007). «Business and human Rights: The Evolving International Agenda». *American Journal of International Law*, *101*(4): 819–840.
270 Ylvis. (u.d.). «Jan Egeland», musikkvideo. *YouTube.*

og identitetsskapende kategorier.[271] Det å søke fred og redusere spenninger mellom folk – å roe gemyttene, om du vil – har topplasseringen blant dydige sysler. Fred, sinnsro og stillhet er avholdt i en hverdagslig drøm om en slags økologisk likevekt; de inngår i en idé om at man må forsone seg med sitt eget selv og omverdenen. Det er lett å avfeie den norske lengselen etter harmoni, fred og lykke som en triviell del av den norske psyken, men det er det slett ikke: Det er en legemliggjøring av drømmen om et selv som er trygt og integrert, og som ikke trenger å konkurrere med andre.

Problemet er at i det 21. århundre har nesten alt – inkludert nestekjærlighet – blitt til salgs. Altruistiske bestrebelser som konfliktløsing og fredsarbeid har avfødt en myriade av lønnsomme, men prektige institusjoner og sivile initiativer. Foruten et nobelinstitutt har vi Nobels Fredssenter, opprettet i 2000 etter vedtak i Stortinget, som spesialiserer seg på formidling av fredsprisvinnernes ideer og arbeid for å inspirere til små og store endringer for en fredeligere verden. Så har vi PRIO, et internasjonalt institutt for fredsforskning, som «conducts research on the conditions for peaceful relations between states, groups and people».[272] Videre har vi grasrotinitiativer, som Internasjonal

---

271 Gullestad, M. (1989). «På leting etter den norske samtidskulturen: en vitenskapsteoretisk diskusjon av begrepene 'fred' og 'ro' som sentral kulturell kategori». I M. Gullestad (Red.), *Kultur og hverdagsliv: på sporet av det moderne Norge*. Universitetsforlaget.

272 Se Peace Research Institute Oslo (prio.org); Vi nevner bare noen av de «vellykkede» initiativene. I 2001, på en bølge av fredsentusiasme, fikk noen brennende sjeler en idé om et nordisk fredsakademi. Akademiet skulle gi «praktisk og teoretisk utdanning til folk som ønsker å arbeide for fred og løse konflikter ute og hjemme». Se NTB. (2001, 3. oktober). «Nytt fredsakademi håper på statsfinansiering i høst». *Aftenbladet.no*; Etter en rekke seminarer ble prosjektet lagt på is.

kvinneliga for fred og frihet (IKFF), stiftet i Hardanger i 2018.[273] I den hybride milliardær–grasrot-kategorien finner vi Business for Peace-stiftelsen, som gir priser til både driftige underdoger fra utviklingsland og de aller, aller rikeste i Vesten, som Elon Musk og Richard Branson; folk som «bygger en mer inkluderende og bærekraftig fremtid ved å fremskynde etisk lederskap i næringslivet.»[274] Ledende tenketanker følger etter. I Agendas plattform står det for eksempel:

> Verden trenger langsiktig fredsarbeid og Norge har mye å bidra med. […] Det bør vi gjøre både av egeninteresser og som en del av vårt globale ansvar. Norge har noen fortrinn i at vi er en liten nasjon uten kolonihistorie eller sterke geopolitiske interesser.[275]

Riktignok medfører nasjonale ambisjoner etiske risikoer. Vi er så dydige at vi synes å komme rett fra W.H. Auden's *bon mot*: «Vi er alle her i verden for å hjelpe andre; hva i all verden de andre er her for, vet vi ikke.»[276] Men det er en dypere årsak til at nordmenn flest – sett bort fra en håndfull historikere og antropologer som er glade i dekonstruksjon – stoler på pasifistmytologien. For hvordan kan man mistro eller stille spørsmål ved det kristenhistoriske evangeliet til nasjonsfaderen Henrik Wergeland, som opp-

---

273 Barton, G. B. (2018, 13. august). «Fredsblomstring i Hardanger?» *Internasjonal Kvinneliga for Fred og Frihet*.
274 Se Business for Peace Foundation. Business for Peace Awards 2014 – Richard Branson og fem andre prisvinnere i Oslo rådhus 15. mai. Elon Musk vinner Oslo Business for Peace Award 2017. *NTB*.
275 Agenda. (2022, 30. august). «Globale fellesinteresser og norsk fredsengasjement». *Tankesmien Agenda*.
276 W. H. Auden - «We are all here on earth to help others;...». brainyquote.com, vår oversettelse.

fant nordmenn som et nestekjærlig og humanitært folkeslag?[277] Hvordan kan man undergrave ettermælet etter Fridtjof Nansen, nasjonalhelten som trodde at fred og frelse ikke ville komme fra de urbane og materialistiske sentra i verden, men oppstå på isolerte steder der innbyggerne levde i fred i pakt med naturen?[278] Det er ikke det minste rart at nasjonen liker å holde seg med en liten armé av sekulære misjonærer, alltid klare for å innlate seg på en umulig oppgave.

Det er sant at freds- eller hjelpearbeid kan fremstå som en smart løpebane som gir tilgang til mektige nettverk og ubegrensede økonomiske ressurser. Men når mengden fredsmeglere er større enn antallet furutrær i Nordmarka, blir situasjonen stressende. Da er det ikke merkelig om noen blåøyde idealister, trette av konkurransen hjemme, etablerer sine mini-Shangri-La utenlands, der de i fred og ro kan styre, uten å bli utfordret, og nyte sitt rykte som internasjonale fredsguruer.

Den mest fargerike fredsutvandreren er Johan Galtung, pioneren i norske fredsstudier som – etter at han ble for stor for Norge (og kanskje for resten av verden) – etablerte sitt Galtunginstitutt på grensen mellom Sveits og Tyskland. Han beskriver seg selv som en «hedning med islett av buddhisme» og viderefører sitt prosjekt for å «avskaffe krig som en sosial institusjon» på jorden.[279] Han tilbyr en mesterlig innføring i «fredens kunst», i tillegg til veiledning i «konflikttransformasjon», basert på hans

---

277   Storsveen, O. A. (1997). «Norsk patriotisme før 1814». *KULTs skriftserie* nr. 88. Norges forskningsråd: 323.
278   Bomann-Larsen, T. (1993). *Den evige sne.* Cappelen: 21.
279   Galtung, J. (1990). *60 Speeches on War and Peace.* International Peace Research Institute (PRIO).

egen «transcendensmetode», som «har som mål å endre på holdningene, oppførselen og motsigelsene til folkene og/eller partene som er involvert i konflikt».[280] Han er kanskje vårt siste håp for å få slutt på Putins invasjon av Ukraina – og han kan sikkert regne med et nytt oppdrag i Taiwan om ikke så lenge.

Det er to grunner til at Galtungs arbeid er både norsk og unorsk. For det første demonstrerer det et svært norsk fenomen, nemlig sammensmeltingen av økologiske og pasifistiske elementer. Denne blandingen er inspirert av Arne Næss, Norges største økofilosof og Ghandi-tenker og Galtungs gamle venn. Men mens Næss snakket om grunn og dyp økologi, hevder Galtung at fred krever «dype sosiale perspektiver» som tar hensyn til mange grupper fra sivilsamfunnet, ikke bare statsmenn og nasjonale ledere.[281] Og – som den rumenske politikeren og historikeren Andrei Pleşu observerte på et seminar ved Universitetet i Oslo i 2003, har «Galtung en orgasme i hver enkel setning».[282] På seminaret antydet Galtung at dersom alle mennesker på jorden brukte hans transcendensmetode, ville verdens voldelige konflikter, økonomisk ulikhet og klimakrisen være løst en gang for alle. Amen.

---

280 Se Galtung-Institut; se også Galtung, J. (2000). *Conflict Transformation by Peaceful Means (The Transcend Method) – Participants' Manual, Trainers' Manual*. United Nations Disaster Management Training Programme. *transcend.org*. http://www.crid.or.cr/digitalizacion/pdf/eng/doc13925/doc13925.htm
281 Galtung (2000): 58.
282 Pleşu, A. (2004, 5. juni). Kommentar på Galtungs innlegg ved seminaret «Humanism for the 21st Century». Universitetet i Oslo. Referert til i *Ny Tid* (2004, 10. juni) «Hauk i dueklær?»

KAPITTEL 5

«Deres territorium? Men ser du ikke hvor vakker fjorden er?»

Det unikt norske ekteskapet mellom natur, og fred, pasifisme og tillitspatologier er en nøkkel til å forstå det norske sinnelaget – og fenomener som Terje Rød-Larsen. Det er ikke tilfeldig at Rød-Larsen brukte et idyllisk hotell midt i naturen som bakteppe for fredsavtaler mellom palestinere og israelere. I filmen *Oslo* skjer det første, magiske håndtrykket mellom bitre fiender på en spasertur i den fredelige vinterskogen. I sine studier av fredsprosessene i Midtøsten og Guatemala argumenterer forskeren Geir Dale for at natur spilte en viktig rolle under forhandlingene. Mange av møtene mellom partene og de norske diplomatene skjedde på tur langs sjøkanten eller i skogen, noe som gjorde deltagerne mer avslappet, og som skapte en uformell atmosfære som oppfordret til dialog. Slik kunne man jobbe «uten forstyrrelser og ute av medias søkelys. Dette er ofte en avgjørende faktor om man skal oppnå resultater i fredsforhandlinger. [...] Naturskjønnheten påvirket deltakernes sinnsstemning og stimulerte til optimisme».[283] Og, kan vi tilføye, den inspirerte selvfølgelig den gjensidige, om enn flyktige tilliten.

Dette høres kanskje, vel, luftig ut, men ifølge Elaine Scarry kan vakre gjenstander og omgivelser gjøre det abstrakte konseptet «rettferdighet» mer håndfast ved at det blir direkte tilgjengelig for sansene våre. Opplevelsen av skjønnhet stopper oss, trollbinder oss og fyller oss med et «overskudd av livsglede». På veien tar skjønnheten oss bort fra vår selvopptatthet og dirigerer

---

283 Dale, G. (2000) «Grenser for alt. Kritiske perspektiver på norsk utenrikspolitikk». *Spartacus*: 52.

oppmerksomheten utover, mot andre mennesker og mot etisk rettferdighet.[284] Scarrys diskusjon om sammenhengen mellom skjønnhet og rettferdighet krever mer empiri: Er det for eksempel alltid slik at storslåtte landskaper stimulerer til altruisme? Folk som bruker naturen daglig, snakker jo ofte om å finne indre fred og om å føle mer solidaritet med omverdenen.[285]

Med all respekt for en mytologi som kombinerer fred med friluftsliv, bruker – og sløser – Norge bort *veldig* mye penger på fredsarbeid: De ellers velmenende prosjektene er en garanti for tilnærmet ubegrenset tilgang til offentlige midler.[286] Spørsmålet er i hvilken grad vi kan snakke om en særegen, norsk form for politisk korrupsjon. Kan vi i det hele tatt bruke konseptet «korrupsjon» i konvensjonell forstand, altså som en betegnelse på bestikkelser, hvitvasking av penger, bedrageri eller noe som står over loven?

Ifølge den internasjonale korrupsjonsindeksen er jo Norge et av de fire minst korrupte landene i verden.[287] Er fredsarbeid kanskje et unntak som ikke blir fanget opp av forskere og journalister? Noe handler selvsagt om kosefjøsfaktoren, tuftet på nepotisme og kameraderi, som alltid spiller en viktig rolle i et lite land. I Norge er det ikke merkelig om mennesker i viktige posisjoner har gått på samme skole som – eller spilt fotball med – statsadvokater eller topper i Økokrim, politiske redaktører eller inn-

---

284 Scarry, E. (2001) *On Beauty and Being Just*. Princeton University Press.
285 F.eks. Nansen, F. (2020). *Friluftsliv: blad av dagboka*. Cappelen Damm. (Opprinnelig utgitt 1916); Kagge, E. (2019). *Walking. One Step at a Time*. Penguin Books; Anker, P. (2022), *Livet er best ute*. Kagge; Hessen, D. (2022). *Liv*. Cappelen Damm.
286 Steiro (2020)
287 Danmark, Finland, New Zealand og Norge topper statistikken; Se Transparency International 2021.

flytelsesrike medlemmer av politiske partier eller fagforeninger. Som en av våre informanter (som har valgt å være anonym) sa det: «Det er nesten ingen i det norske pantheonet som er habil.» Og for dem som holder til i kosefjøset, finnes det alltid en venn, eller en venn av en venn, som kommer dem til unnsetning i ellevte time og sørger for at ting ordner seg (eller forsvinner).

Men i dette kapitlet snakker vi ikke om smålige forseelser, som stortingsmedlemmers misbruk av pendlerboligordningen eller Nav-klienters eventyr i utlandet når de skulle ha holdt seg hjemme. Slike «overtramp» blir etterforsket og straffet med pedantisk velbehag i full offentlighet. Det vi snakker om her, er grove overtredelser som involverer hundrevis av millioner eller milliarder av kroner, som ofte blir ignorert, fortiet eller akseptert. Rød-Larsen er et alarmerende fenomen, ikke bare fordi han har besudlet Norges ulastelige sjel, men fordi han hadde en nesten ubegrenset moralsk og finansiell kreditt og en endeløs tillit fra norske myndigheter. En patologisk tillit, kunne man si, som var basert på en fetisjisering av Rød-Larsens fredsbyggende talenter og Norges fredsbyggende mytologi.

Fredsaktivisten som thymotisk bedrager

Vi har tidligere referert til de gamle grekernes *thymos*, som betegner begjæret etter anerkjennelse og forståelsen av egen verdi og ære.[288] *Thymos* handler om begjær, fornuft og livlighet og har både rasjonelle og emosjonelle komponenter. I Norge har konseptet hatt en interessant reise. *Thymos* var fullstendig overordnet

---

288   Se klassiske verker som Homers *Illiaden* eller Platos dialoger i *Faidros* eller *Staten*.

i de heroiske sagaene, før det ble kuet i bondekulturen og så utfordret av jantelov og sosialdemokratiske idealer i etterkrigstiden. I det 21. århundre har aksepten for kjendisdyrking og outrert oppførsel i det offentlige rom økt betraktelig, men Norge er fremdeles et land der ettergløden fra janteloven som regel får folk til å se ned på individer som innbiller seg at de er bedre enn andre.

Men som David Brooks sier det, er all politikk thymotisk: Den er full av menn – og, må vi legge til, kvinner – som tørster etter at andre skal anerkjenne deres sosiale betydning, mestring og politiske talent. De ønsker å føle seg viktige og å være del av noe viktig.[289] Det samme gjelder for bistands- og fredsarbeidere med en idealisme som ofte er uadskillelig sammenfiltret med et thymotisk sug etter å gjøre noe med elendigheten ute i verden.

Saken er imidlertid mer komplisert. I den spesielle norske konteksten finnes det en slags menneskekjærlig *thymos* – en nasjonal anerkjennelse av og prestisje knyttet til dem som hjelper underdogen. Thymotiske mennesker mobiliserer på vegne av dem som er gjort stemmeløse av mektige aktører. De er ikke opptatt bare av sin egen verdi, men også av deres *gruppes* verdighet. På denne måten blir *thymos* det psykologiske opphavet til nasjonal stolthet, og til politiske handlinger som gir uttrykk for den. Om en gruppe blir ekskludert fra verdigheten den fortjener, er det et bevis på sosial urettferdighet. Norges verdighet som nasjon er emosjonelt og symbolsk sammenkoblet med en kamp mot sosial urettferdighet og konflikt, både hjemme og ute. Når man diskuterer det nasjonale selvbildet, uansett om det – i alle

---

289 Brooks, D. (2006, 19. mars). «All Politics Is Thymotic». *New York Times*.

fall delvis – er basert på selvbedrag, kan man ikke ignorere det pasifistiske, sosialdemokratiske *thymos*.

I den thymotiske higenen blir egoisme og uselviskhet flettet sammen. Både individer og samfunn konkurrerer om personlig heder, og det er *thymos* som stimulerer dem til oppofrelse for saker som er større enn dem selv. Problemene oppstår når de thymotiske handlingene blir sammenflettet med jakten på penger og velgjørere. Samme hvor mye vi skulle ønske at det var annerledes, er ikke rettferdighet, fred og egalitet særlig salgbare verdier. Deltagere i «dydsmarkedet» må ofte streve med uklare grenser og dyrke en *modus operandi* som ofte medfører uappetittlige kompromisser.[290] Thymotiske aspirasjoner som bunner i ektefølt idealisme, blir tilsmusset av forfengelighet, elegante bestikkelser og tvilsomme avtaler. La oss ta Bill Gates, som har ambisjoner om å redde Pakistans barn fra polio, men også om å vinne Nobels fredspris. Hvem andre skal han da snakke med, enn høytstående nordmenn – som kan hjelpe verdens femte rikeste mann med å oppfylle sine drømmer? Eller la oss ta finansmoguler med en kriminell fortid som streber etter å finne frelse gjennom filantropiske gjerninger. For filantropikriminaliteten florerer der den internasjonale eliten holder salong, og Norge er intet unntak.

Da de møttes, visste Rød-Larsen at Jeffrey Epstein var dømt for seksualforbrytelser. Men hvordan kunne man *ikke* velge å ha tillit til en mann som fløy Bill Clinton og Kevin Spacey til Afrika for å minne verden om aidsepidemien? En mann som regelmessig møtte statsledere, hjalp kvinner med lymfekreft, finansierte

---

290 Vi har lånt termen fra Vogel, M. (2006). *The Market for Virtue: The Potential and Limits of Corporate Social Responsibility*. Brookings Institution Press.

prestisjeuniversiteter som Harvard og MIT og dessuten var medlem av Den trilaterale kommisjon[291] og det innflytelsesrike Rådet for utenriksrelasjoner.[292] Det var klart at man måtte stole på denne mannen, var det ikke?[293] Alskens kjendiser, politikere og Hollywood-produsenter ville vanke sammen med Epstein, for han hadde «alle leketøyene [...]. Yachtene, helikopteret, den private øya, privatflyet. [...] Epstein omga seg med politikere for å få innflytelse. De ga ham beskyttelse, troverdighet og sosial mobilitet».[294]

I Ferruccio Busonis versjon av *Faust* (1925),[295] kler Mefistofeles seg ut som munk. Falt Rød-Larsen for forkledningen? Bestemte han seg for å stole på djevelen? Trodde han, i sin uhelbredelige norske optimisme, at djevelen kunne bli frelst? Aksepterte han at organisert menneskehandel med mindreårige jenter var prisen man måtte betale for bistandsprosjekter i Mongolia, Kasakhstan eller Bahrain – eller for å utrydde polio sammen med Bill Gates?

Vi vet ikke. Det vi vet, er at Rød-Larsen med vitende og vilje gjorde en avtale med djevelen for å oppfylle sine thymotiske ambisjoner. Ved å knytte seg til mektige eliter og en jevn strøm av kapital kunne han kultivere snobben i seg og i tillegg tjene seg en slant eller to. Dette var hans tid som Den store Gatsby. Forfatteren bak *Oslo*, J.T. Rogers, beskrev Rød-Larsen slik: «Livlig

---

291 Kommisjonen har som målsetting å skape et tettere samarbeid mellom Europa, Japan og Nord-Amerika.
292 En amerikansk tenketank stiftet etter andre verdenskrig.
293 Fischer, M. (2019, 9. juli). «Jeffrey Epstein, accused of sexually abusing teenage girls, surrounded himself with influential network of defenders». *Washington Post*.
294 Jf. Conchita Sarnoff, sitert i Fisher 2019.
295 Busoni, F. (2025), *Doktor Faust*. Forfatterne bruker den engelske oversettelsen online: Doctor Faust translated in english by Edward Dent - Introduction by E. D. - *Symphonia - the poet to the spectators - first prologue*, rodoni.ch.

og sjarmerende, drapert i diskré europeisk finesse – inkludert dress-sko så elegante at jeg arkiverte detaljene under den mentale overskriften 'interessant karaktertrekk'.»[296]

Det er riktignok sant, som Ada Nissen og Hilde Henriksen Waage hevder, at fredsaktivistens kall involverer en kombinasjon av «makt og sårbarhet».[297] Men det involverer også thymotiske fristelser som blir stadig mer uimotståelige, ikke så mye på grunn av makt og sårbarhet, men som følge av en følelse av usårlighet. «I tilfeller der fredsmeglere faktisk opptrer partisk eller uetisk, utfører sitt virke basert på ønsker om egen vinning eller forsøker å forme sitt ettermæle på uredelige måter, bør det komme frem i lyset», skriver Nissen og Waage.[298] Dette er så selvsagt at det ikke burde være nødvendig å påpeke det – men skjer det i praksis?

Det fascinerende i tilfellet Terje Rød-Larsen er at hans bemerkelsesverdige karriere like mye var en frukt av hans glahnske eller nagelske oppfinnsomhet og ambisjoner som av en langvarig og uendelig tillit fra Utenriksdepartementet; en tillit som fikk næring både fra en uimotståelig nasjonal myte og fra politiske interesser. Om den unge Rød-Larsen forførte sine landsmenn, var det, som Asle Toje skriver, fordi han var medlem av «en evnerik gruppe fredsmeglere som ville forandre verden. Pionerene var en fargerik gjeng regelbrytere: De minnet litt om de første oljedrillerne».[299] Men dessverre, som Toje konkluderer:

---

296   Rogers, J.T. (2016, 17. juni). «'Oslo' and the Drama in Diplomacy». *New York Times*
297   Nissen A. & Waage, H. H. (2021, 7. mai). Innlegg: «Fredsmeglingens fallgruver» | DN. *DN.no*; Se også Nissen, A. & Waage, H. H. (2015). «Weak Third Parties and Ripening: Revisiting Norwegian Interventions in Guatemala and the Israeli-Palestinian Conflict». *International Negotiations*, 20(3): 389–413.
298   Nissen & Waage (2021)
299   Toje, A. (2020, 21. november). «Vi trenger ikke heltene». *DN.no*.

«Wildcat-generasjonen av fredsmegleres evne til å sjonglere, forhandle og drikke whisky med djevelen, muliggjorde en usannsynlig avtale og ble en kilde til mistro da avtalen var død.»[300]

Det dristige eksperimentet til Terje og Mona, som førte til Osloavtalen, var et adrenalinkick både for den personlige og for den nasjonale psyken: et spark i kollektivets thymotiske solar plexus. Vågestykket hadde en slags bevisst stillfarende selvsikkerhet over seg; en tankeflukt og en innovativ energi som er sjelden i norsk politikk. Men Rød-Larsens virkelige geni lå i evnen til å melke nasjonens positive grunnleggelsesmyte, alt mens han til fulle testet sine arbeidsgiveres – og sine landsmenns – tillit. Han misbrukte den så kreativt han bare kunne, helt til overmotet fikk sin straff, helt i tråd med jernlogikken i Hamsuns dissekering av tillit i moralske norske samfunn.

I 2019 ble den heroiske overmenneskemasken revet av, og alle så plutselig ansiktet til en bedrager. Men Terje Rød-Larsen forsøkte ikke å rettferdiggjøre seg selv eller sine overtredelser, og sett bort fra en tafatt uttalelse om at det hadde vært en feilbedømmelse å prøve å vinne Epsteins gunst, viste han heller ingen tegn på anger. Han bare fordunstet, som Nagel og Glahn i Hamsuns romaner. Og der endte eventyret. Men vi lurer virkelig på hvordan, eller om, den norske pasifistmytologien – og en «mission impossible» i dens kjerne – vil fornye seg etter Rød-Larsens spektakulære fall.

---

[300] Toje (2020)

Kapittel 6

Russland som den gode nabo: kunsten å misforstå tyranni

Winston Churchill ble forvirret både av sovjetiske politikeres dobbelttale og av de ofte uutgrunnelige motivene deres. For ham var Russland en «gåte pakket inn i et mysterium inne i en enigma», som han sa det i oktober 1939, etter at Sovjetunionen og Tyskland hadde inngått sin ikke-angrepspakt og andre verdenskrig var i gang.

Da Vladimir Putin 80 år senere flyttet hæren sin til den ukrainske grensen og truet med å invadere et uavhengig land, ble de fleste observatører på utsiden like forvirret som Churchill. For innflytelsesrike norske kommentatorer og politikere var den mulige okkupasjonen av Ukraina uforståelig.[301] Den var irrasjonell. Den var «idiotisk». Den måtte bli forhindret gjennom velvillig dialog.

---

301 For eksempel Julie Wilhelmsen, Asle Toje, Jonas Gahr Støre. Europeiske kommentatorer – bortsett fra journalister fra Polen, Latvia og Estland – var generelt tvilende til at invasjonen kom til å skje.

KAPITTEL 6

Vestlige statsledere reiste til Moskva for å snakke med Putin og pakke opp mysteriet inne i enigmaen. De ble alle satt på plass, ved enden av et latterlig langt bord, der Putin, som en uransakelig, allmektig og ortodoks guddommelighet presiderte over rituelle ydmykelser av vestlige ledere, som han hatet med en sunn dose russisk lidenskap.[302]

Bare noen uker før de russiske tankvognene rullet over grensen til Ukraina, pustet den rasjonelle verdenen lettet ut da funksjonærer i det ukrainske regjeringsapparatet avfeiet «apokalyptiske spådommer» om en forestående invasjon.[303] Amerikansk etterretning – som anslo at sannsynligheten for en invasjon var så høy som 70 prosent – ble beskyldt for å spre unødvendig panikk og frykt. Omtrent samtidig trodde 51 prosent av franskmenn at invasjonen var svært eller nokså sannsynlig, og dette var tall som var på linje med de fleste vestlige land. Polakkene var mest pessimistiske; 72 prosent trodde at en invasjon var svært eller nokså sannsynlig.[304]

---

302 RFE, RL's Russion Service. (2022, 11. februar). «Kremlin Says Macron Sat At Long Table With Putin After Refusal To Take COVID-19 Test». *Rferl.org*; Putins bord førte til mye satire både på internett og i vestlige *talk shows*, ikke minst da Putin ble plassert ved et bitte lite bord sammen med Kasakhstans president Oasym-Zjomart Toqajev, en nær alliert, noen dager senere.
303 Mykhaïlo Podoliak, rådgiver for lederen av den ukrainske presidentadministrasjonen, insisterte på at sjansene for å finne en diplomatisk løsning [forblir] betydelig høyere enn trusselen om en ny eskalering; se Lob's, AFP. (2022, 6. februar). «L'Ukraine relativise le risque d'une invasion russe après l'avertissement américain». *Nouvelobs.com*. 2022.
304 Krastev, I. & Leonard, M. (2022, 10. februar). «The crisis of European security: What Europeans think about the war in Ukraine». *European Council on Foreign Relations*; Rundt 29 prosent av nordmenn trodde at invasjon var sannsynlig; Breivik, E. M. (2022, 16. mai). «Måling: Mer enn en av fire nordmenn frykter Russland». *VG.no*.

Vi siterer ikke disse tallene bare for å illustrere ulike nasjoners ulike opplevelser av eksistensiell og politisk sikkerhet, men også for å vise fremtredende forskjeller i europeiske borgeres kulturelle oppfatninger av Russland. Gjemt i disse tallene finner vi ulike nivåer av tillit til russiske lederes ord og handlinger. Den rådende tilliten til at Putin var grunnleggende rasjonell, førte i januar 2022 til et toppmøte mellom Frankrike, Tyskland, Russland og Ukraina.[305] Møtet var et fortvilt forsøk på å redusere spenningsnivået etter at det russiske militærets tilstedeværelse på grensen til Ukraina ble for massiv til å kunne ignoreres.

Men spenningene forsvant ikke. Dialogen var impotent og førte ingen steder – med mindre vi tar med Putins skadefryd over sine motbydelige vestlige rivalers nakne desperasjon. Den russiske hæren strømmet inn i Ukraina. Dette prosjektet hadde blitt annonsert så mange ganger av Putin at få eksperter hadde trodd at det ville bli satt ut i livet, bortsett fra «russofobe» amerikanere og de evig paranoide polakkene. De sistnevnte klaget og sutret – til ordet ble kjøtt.

I dette kapitlet skal vi se nærmere på den norske diskursen før og etter den russiske invasjonen. Etter vår mening er det særlig to tillitspatologier som har dominert norske oppfatninger av Putins krig. Den ene er ideen om at Putins Russland har en «legitim rett» til å invadere Ukraina. En slik rettferdiggjøring av krig, lidelse og død er slående, siden den antyder at det er større aksept for et imperialistisk Russland enn for et imperialistisk USA eller et «ekspansivt» Nato. Mange av de kunnskapsrike og intelligente

---

305   Élysée. (2022, 26. januar). «Déclaration des conseillers des chefs d'État et de gouvernement du format Normandie». *Élysée.fr*; Det såkalte Normandie-formatet hadde vært utprøvd uten hell siden 2014.

nordmennene vi snakket med, var ubøyelige i sin overbevisning om at vi i Europa måtte 1) sette bremser på Natos standhaftige støtte til Ukraina; 2) forstå at Putin hadde kompliserte (les: gyldige) motiver for å gå til krig; og 3) forhindre tredje verdenskrig, altså slutte å provosere Russland.

Diskusjonene handlet om aksen Russland–Nato–USA, og om en tro på at europeisk og norsk sikkerhet var ivaretatt så lenge Putin var fornøyd hva gjaldt russiske interesser. Det som var slående, var tausheten om *Europas* legitime rettigheter og interesser. Betyr det at vi har mistet tillit til Europas makt og muskler og har gitt opp folkeretten for et av våre naboland? Mente man at Europas plass var i «hold kjeft»-klubben, for å bruke Petter Wessel Zapffes saftige uttrykk? Det finnes også interessante ideologiske sammenfall mellom høyre og venstre, som kanskje hinter om en skjult krise for liberale verdier, i Norge og andre steder (mer om dette under).

Troen på at Putins imperialistiske Russland var rasjonelt, har delvis bidratt til at nasjonale sikkerhetstiltak var deprimerende utilstrekkelige. Den har også ført til en generelt avslappet holdning til mulige russiske trusler i nord. Mange var uvillige til å «stenge ute» Russland, siden det ville ha store konsekvenser for et næringsliv som har vært tett sammenvevet med naboen i øst i århundrer. Finansmiljøer valgte å stole på en hurtig fred, og bankene tok stort sett krigsståket med knusende ro.[306]

Det lave beredskapsnivået har vært både betryggende og foruroligende. Betryggende fordi det vitner om en trassig tro

---

306 Haugseth, P. (2022, 13. april). «Ukraina-krigen rammer den norsk-russiske grensen sterkt». *Nordnorskdebatt.no*.

på Norge som et mytisk sted utenfor tiden, der folket lever i en drømmetid, uanfektet av uforutsette hendelser, forandring og ondskap – og dermed immune mot ytre fiender. Men det er selvsagt også foruroligende, siden det viser hva norsk lykke handler om: god helse, dårlig hukommelse og mangel på historisk fantasi. Senere i kapitlet skal vi komme tilbake til de mange kulturelle og politiske årsakene til norsk sorgløshet og naivitet i møte med ulike trusler.

Å kjenne Russland

For en polakk er det norske ordet «kjenne» fascinerende, siden det betegner en opplevelse som kan være intellektuell, emosjonell, relasjonell og sanselig. På polsk brukes begrepet mer om rasjonelle og kognitive prosesser. Polakker, estlendere og jøder «kjenner» uansett Russland i den norske betydningen av ordet – som arkitekten bak unevnelige nasjonale traumer og tragedier, påført kropper, sjeler og sinn i de beseirede befolkningene. Polakkene var ofre for russiske tsarers stadig mer oppfinnsomme former for undertrykkelse mellom 1772 og 1918[307] og ble så innesperret i en ussel sovjetisk brakketilstand under okkupasjonen fra 1945 til 1989. Det var en alvorlig forbrytelse – straffbart med mange år i fengsel, arbeidsleirer eller psykiatriske asyler – å kritisere Sovjetunionen. Ordet «imperium» var forbudt; offisielt var Sovjetunionen en vennligsinnet og «frivillig» union av ulike folk som var henrykt over å bli spist opp av Stalin. I skolens historiebøker var *Sovietskiy Soyuz* en prektig frigjører og vel-

---

307 Undertrykkelsene var spesielt grusomme under tsarina Katarina.

gjører. «Sannheten» om Russland – verdens største torturkammer og kirkegård for fritenkere, dissidenter og opprørere – flyttet seg til de nasjonale minnenes arkiv, til den ulovlige *samizdat*-litteraturen og til nasjonale vitser: «Hvorfor elsker vi Sovjetunionen?» spør læreren. «Fordi de frigjorde oss», sier vesle Jan. «Korrekt. Og hvorfor hater vi USA?» «Fordi de *ikke* frigjorde oss», sier Jan uten å tenke seg om.

Både under de allmektige tsarene og under den sovjetiske støvelen, bak det offisielle våset om polsk-russisk vennskap og brorskap, fantes det et stadig voksende undergrunnsbibliotek av forbudte bøker om det grufulle livet i det psykopatiske imperiet. I tillegg til Aleksandr Solzjenitsyns og Varlam Shalamovs beretninger om bestialitetene i GULag eller Vorkuta, leste man, i all hemmelighet, de forbudte verkene av polsk-britiske Joseph Conrad, med beskrivelser av tsarene og deres håndlangeres umenneskelighet. Man studerte Gustaw Herling-Grudzińskis rystende beskrivelse av oppholdet i en sovjetisk arbeidsleir,[308] og man ble hjemsøkt av Alexander Wats *My Century* (1977), med inngående fortellinger om sovjetiske grusomheter under oppholdet i Lubjanka og andre fengsler.

Hjernebarken til de som opplevde kolonimaktens ubeherskede råskap, er tatovert med avskyelige bilder, med påfølgende paranoia som en utbredt senskade. Men kjernen i den polske tvangstanken om at russere er undertrykkere, har lite å gjøre med nasjonale vrangforestillinger. Den er tvert imot forankret i en høyst reell og varig opplevelse av en brutal verden der maktes-

---

308 Herling-Grudziński, (1953). *Inny świat*. London: Gryf; Utgitt på engelsk av Penguin i 1996 med tittelen *A World Apart*.

løse mennesker – både russerne og deres ofre – ble berøvet sin egenverdi og verdighet. Denne virkeligheten ble fanget i Czesław Miłosz' bilde av en russer som gråter bitre tårer over sitt eget offers skjebne mens han kutter vedkommendes strupe.[309] Her ser vi en selvmotsigende røre av barbari og medlidenhet, der intensjonen er fullstendig frakoblet handlingen.

Men det å «kjenne» det imperialistiske Russland hadde enda en dimensjon, som kom i tillegg til umenneskelige arbeidsleirer, daglige ydmykelser og uendelige brødkøer. Hver eneste dag – og overalt – ble du løyet for. Selve *språket* ble forkvaklet og forvrengt. Poeten Stanisław Barańczak, som dissikerte kulturelle patologier i Polen under sovjetisk okkupasjon, fanget denne språklige sykdommen:

> Et språk der *sikkerhet*
> får hårene til å reise seg, der ordet for *sannhet*
> er en avisoverskrift, der *frihet*
> og *demokrati* underlegger seg
> politisjefen
> […]
> hva er det egentlig som tvinger oss til å
> rote rundt med logiske rebuser?
> disse innstendige paradoksene? Mentale
> distraksjoner? Hva? [310]

---

309 Miłosz, C. (2002). *Native Realm*. Macmillan (Opprinnelig utgitt 1968); Shalamov, V. (2018). *Kolyma Stories*. New York Review Books. (Opprinnelig utgitt 1970).

310 Barańczak, S. (1978). «NN begynner å stille seg selv noen spørsmål». Publisert på engelsk i *Artificial Respiration*, Translated from the Polish by Charles S. Kraszewski Brooklyn Rail, 2013, vår oversettelse.

KAPITTEL 6

Disse språklige monstrene – ordspill, forfalskninger og løgn – lever videre i Putins «moderne» Russland. Sett med polske, litauiske eller estiske øyne er russiske «fake news» i det 21ste århundre helt åpenbart en videreføring av en velkjent sovjetisk *modus operandi*. Når den halvoffisielle russiske trollarmeen sprer løgner på nettet, hjemme og ute, viser det bare, som Peter Pomerantsev sier det, at Russland er et land der «ingenting er sant og alt er mulig».[311] Desinformasjon, forfalskninger, løgner, lekkasjer og cyber-sabotasje går inn i en massiv gjenoppfinnelse av «virkeligheten» og skaper massehallusinasjoner som til slutt blir til politisk handling. Ta det russiske imperiets gamle idé om *Novorossiya* («Det nye Russland»), et navn Putin igjen har prakket på store deler av det sørøstlige Ukraina, uten å spørre dem som faktisk bor der. Eller ta kunngjøringen om at Polen ikke var et offer for Hitlers og Stalins invasjoner – nei da, Polen *startet* faktisk andre verdenskrig.[312]

Den slags historisk visvas er like absurd som å skylde på nordmenn for de svenske invasjonene fra 1500- til 1700-tallet, for så å foreslå at en «lykksalig» union med Sverige i 1814 var et fritt valg for det norske folk.

Men et annet aspekt ved Russland er særlig bekymringsfullt. Til forskjell fra alle andre tidligere imperier, som Frankrike eller Storbritannia, har Russland aldri vedkjent seg de hundreårene med lidelse som har blitt påført dets eget og andre lands folk. Man kan alltids – og med rette – innvende at ingen av de gamle vest-

---

311 Pomerantsev, P. (2014). *Nothing is True and Everything is Possible*, New York: PublicAffairs.
312 Applebaum, A. (2020, 5. januar). «Putin Blames Poland for World War II». *The Atlantic*; se også Orlowski, M. (2019, 27. desember). Europejskie media o atakach Putina na Polskę. «Nieprzywoita próba obarczenia winą». *Gazeta wyborcza*.

lige kolonimaktene har gått langt *nok* i å anerkjenne og unnskylde systematisk, institusjonalisert djevelskap. Men russiske ledere har *aldri*, på noen som helst måte, akseptert eller innrømmet at deres myndigheter har begått overgrep.[313] Tvert imot har Russland konsekvent fremstilt seg selv som et offer – for vestlig russofobi, for en verdensomfattende konspirasjon, for liberale demokratiers hykleri og sjåvinisme. Som Richard III i Shakespeares skuespill har russiske herskere mesterlig praktisert en forvrengt dialektikk: Du beskylder den som beskylder deg. Du hevder at du slåss mot fascismen mens du selv er fascistisk. Du begår folkemord mens du hevder at du forhindrer det. Du lyver entusiastisk mens du beskylder andre for å lyve. Du fornekter kategorisk enhver beskyldning om at du har begått noen urett.

På ett område løy ikke Putin. I 2007 publiserte den høyt ansette Stefan Batory-stiftelsen i Warszawa rapporten *Putins imperium*.[314] Den viser at det alt den gangen fantes en mengde bevis for den russiske regjeringens ambisjoner om å gjenerobre Ukraina, som en uunnværlig del av det mektige russiske imperiet som så tragisk hadde gått i oppløsning.[315] På samme måte advarte de polske og russiske forfatterne av Jagiellonia-serien i 2018 om at Putins mål

---

313   Nikita Khrusjtsjov beklaget riktignok Stalins feil, men sa ingenting om Sovjets okkupasjon av Øst-Europa.
314   Smolar, A., Auzan, A., Moshes, A., Roginsky, D., Oreshkin, D., Kliamkin, I., Fedorov, Y., Lily, S., Mandras, M., McFaul, M., Bielkowski, S. & Marciniac, W. (2007). *Imperium Putina*. Fundacja Batorego. Imperium Putina - Fundacja im. Stefana Batorego (batory.org.pl)
315   Siterte kilder inkluderer bl.a.: Łukianow, F. (2006, 1. august.) «Wieczno wczierasznije,» i *Kommiersant*, 1; Spasskij, N. (2006, 5.-11. april). «Rossija w istorii i sowriemiennom mire,» i *WPK-wojenno-promiszliennij kurie*; Popow. A. (2004, 13. januar). «Eto strasznoje słowo imperia», *Niezawisimaja gazieta*. Mer om polske tolkninger av Putins imperiale prosjekt: Redaksjons leder (2022, 16. april). «Na czym polega rosyjski imperializm?» *Kurier Historyczny*; Broda, M. (2021. 23. 2*).* «Rosja musi istnieć jako imperium. Tylko tak ochroni świat przed 'zachodnim Antychrystem». *Gazeta Wyborcza*.

var å rekolonisere Ukraina – ikke fordi han ikke likte ukrainerne, men fordi det var en logisk følge av lovene som styrte «sakral geografi og geopolitikk».[316] Noe dårlig definert «hellig» eller «sakralt» har i det hele vært en viktig ingrediens i et brygg som, politisk og geografisk, har manet russere til å danne seg en potent, imperialistisk mytologi, som så rettferdiggjør barbariske kriger.

Behovet for en «hellig krig» i Ukraina ble utformet av Aleksandr Dugin i den nyfascistiske boken *Geopolitikkens fundament* (1997), publisert som en håndbok for politiske toppledere med støtte fra den russiske generalstabens militærakademi.[317] I boken forkynner Dugin at «slaget om russisk verdensherredømme» ikke er over, og at Russland fortsatt er «arnestedet for en ny anti-borgerlig, anti-amerikansk revolusjon».[318] Det eurasiske imperiet vil basere seg på en avvising av liberale verdier og «atlantisme», strategisk kontroll over USA, gjenerobring av Ukraina, Finland og Baltikum og kontroll over arktiske områder[319]. Boken er obligatorisk lesing innenfor det russiske forsvarsdepartementet, men burde også være det for alle klartenkte norske politikere.

Enkelte kommentatorer har advart om at den russiske versjonen av «virkeligheten», basert på en ugjennomtrengelig sammenblanding av fakta og fiksjon, har lekket over til Vestens offentlige sfærer, valgsystemer og demokratiske institusjoner og begynt

---

316 Jagiellonia. (2018, 14. desember). https://jagiellonia.org/putin-szykuje-sie-do-wojny-swiatowej-po-ukrainie-rosja-zaatakuje-polske-rada-bezpieczenstwa-narodowego-i-obrony-ukrainy. *Jagellonia.org*.
317 Jagellonia (2018), vår oversettelse.
318 Aleksandr Dugin's Foundations of Geopolitics FSI. *stanford.edu*, vår oversettelse.
319 Den arktiske regionen er definert som bestående av det delvis isdekkede polhavet og landområdene til de omkringliggende åtte arktiske statene: Canada, Danmark (inkludert Færøyene og Grønland), Finland, Island, Norge, Russland, Sverige og USA (Alaska) samt deres grunne subregionale hav, se Arctic – Wikipedia.

å forgifte dem fra innsiden.[320] Og før krigen i Ukraina fantes det vitterlig tegn på at europeiske land var i ferd med å bli slik Russland ser for seg at den liberale verdenen er: Lett å manipulere, absurd polarisert, i ferd med å falle fra hverandre på grunn av spørsmål som deler kulturer opp i separate virkeligheter, og med stadig mer populære og mektige prorussiske partier på høyresiden i land som Frankrike og Italia. I *Veien til ufrihet* (2018) insisterer Timothy Snyder på at Russland ligger foran, ikke bak Vesten.[321]

Men dette ble sagt *før* Putins invasjon. Om krigen i Ukraina skal få noen (paradoksalt) positive konsekvenser, handler de om en økende eller, for forstemmende mange, ny vestlig forståelse for at Europa er en organisme som må stå samlet og handle sammen: skjerp beredskapen, innfør sanksjoner, skap en felles front av solidaritet. Den europeiske responsen har ikke vært *perfekt* synkronisert, men det vil den aldri være i en krise. Engelskmenn og franskmenn – med sin evige, alltid gamle og alltid ferske krangel, forsterket av brexit og flyktningtrafikk i Den engelske kanalen, har omsider funnet en sak som begge parter kan støtte. Etter alle disse årene vil Sverige og Finland inn i Nato. Land som Romania og Latvia har demonstrert at vi har undervurdert potensialet for solidaritet og standhaftighet i øst.[322] Og Polen – et såret land som har spesialisert seg på en triumferende, selvopptatt smerte, viste en unik bølge av medlidenhet med de ukrainske flyktningene og tok imot godt over tre millioner av dem.[323]

---

320 Se f.eks. Pomerantsev, P. (2015). *Nothing is True and Everything is Possible*. PublicAffairs; Snyder, T. (2018).*The Road to Unfreedom*. Crown.
321 Snyder. T. (2020, 15. mars). *The New York Times* Opinion. «Timothy Snyder on the Myths That Blinded the West to Putin's Plans». *The New York Times*.
322 Ungarn har rett nok, som vanlig, stukket kjepper i hjulene.
323 Nesten halvparten av disse har reist videre fra Polen.

Beredskap på norsk: Har vi tillit til Putin?

Norge har også tatt imot mange ukrainske flyktninger, og det skulle bare mangle. Men beredskap er et helt annet spørsmål. Å snakke om «beredskap» er i alle fall overdrevet; *uforberedtskap* er kanskje et mer treffende ord. En måned før invasjonen sa Jonas Gahr Støre:

> Vi må jo nå bare trykke på for at det er de politiske prosessene som håndterer disse uoverensstemmelsene, og som kan komme med det vi kaller tillitsskapende tiltak; få til nedrustning og få ned spenningen, og få det over i et politisk spor. For det at Europa skal løse denne typen spørsmål med krig og militær konfrontasjon, det hører egentlig ikke hjemme, og det må vi gjøre det vi kan for å motvirke.[324]

I normale tider – om de noen gang har eksistert – ville det kanskje ikke vært noe direkte galt i det Støre sa. Dialog og forhandlinger er rett og slett den norske ryggmargsrefleksen.

Men dette er ikke normale tider. Mye har skjedd i løpet av Putins krig: en grufull eskalering av militære angrep på ukrainske sivile, men også overraskende bragder i det ukrainske selvforsvaret; sabotasje på gassrørledningene i Østersjøen, men også europeisk og amerikansk støtte til Ukrainas president Volodymyr Zelenskyj og massiv militær og logistisk hjelp til den ukrainske hæren fra Vesten; en trippel energi-, mat- og inflasjonskrise i store deler av verden, men også økt vestlig beredskap.

---

324   Karlsen, M. Ø. (2022, 24. januar). «Støre: - Det vil komme kraftfulle reaksjoner». *Nettavisen.no*.

Men i Norge har det gått tregt. Flere flaue avsløringer preget den norske beredskapsløsheten i 2022, noen av dem forårsaket av interne politiske spenninger og interesser. La oss nevne noen spektakulære eksempler:

1) Senterpartiets kommunalminister, den hardnakkede EU- og EØS-motstanderen Sigbjørn Gjelsvik, hadde bestilt en rapport fra Forsvarets forskningsinstitutt (FFI) om hvordan fremmede makter kunne påvirke norske valg, men nektet først å publisere den. Forklaringen var like enkel som den var smålig: Rapporten viste blant annet hvordan russerne kunne trolle EØS-motstandere på nettet.[325]
2) Etter nyheter om lekkasjene fra gassrørledningene i Østersjøen avviste olje- og energiminister Terje Aasland at det fantes indikasjoner på mulige angrep mot norske installasjoner. Statsråden var også klar på at en slik risiko ikke ville være statens ansvar.[326]
3) Etter avsløringer om en sverm av russiske droner i nærheten av installasjoner i det norske kraftnettet erklærte samferdselsminister Jon-Ivar Nygård at det ikke var aktuelt med droneforbud i Norge, og at han heller vil styrke kommunikasjonen om de restriksjonene som allerede fantes.[327]

---

325 Kierulf, A. (2022, 29. september). «Sikkert for frihet. Fri for sikkerhet?» *Norges institusjon for menneskerettigheter.*
326 NTB. (2022, 27. september). «Olje- og energiministeren: – Ingen indikasjoner på at det kan komme angrep mot norsk sokkel». *E24.no.*
327 NTB. (2022. 7. november). «Samferdselsministeren: Det blir ikke droneforbud i Norge». *Dagsavisen.*

KAPITTEL 6

4) I november 2022 klaget forsvarsminister Bjørn Arild Gram over for mye byråkrati, for stor ansvarspulverisering og uklar ansvarsfordeling.[328]
5) Riksrevisjonens rapport om IKT-sikkerheten i forsvaret var knusende, og forsvarssjef Eirik Kristoffersen var enig: «IT-systemet vi har i dag, lever på nåde. Og det lever egentlig takket være flinke folk, ikke gode teknologiske løsninger. Dette er ikke blitt bedre siden Riksrevisjon gjorde undersøkelsene. Tvert imot, systemene er bare blitt eldre.»[329]
6) Nyttårsaften 2022 ble det avslørt at et norsk selskap hadde solgt sensitiv informasjon om blant annet Haakonsvern, Nord-Europas største marinebase, til russere.[330]
7) Norske aviser laget rabalder etter pågripelsen av en brasiliansk statsborger som ifølge PST egentlig er russer, og som forsket på hybride trusler, ved Universitetet i Tromsø. Han «kan ha tilegnet seg et nettverk og informasjon om Norges politikk i nordområdene», sa PST-sjefen. Men oberstløytnant Geir Hågen Karlsen ved Forsvarets høgskole tok nyhetene med ro. Han avviste at Norge hadde en for naiv tilnærming til nasjonal sikkerhet, og insisterte på at «vi har nytt godt av å ha et åpent samfunn».[331]

---

328 Langved, Å. (2022, 10. november). «Forsvarsministeren er frustrert over eget byråkrati: – Vi får ikke nok ut av pengene». *Aftenposten.no*.
329 Langved, Å. (2022, 4. oktober). «Forsvarssjefen er helt enig i kritikken fra Riksrevisjonen: – Lever på nåde». *Aftenposten.no*; For hele (den ugraderte) rapporten, se Riksrevisjonen (2022–2023). *Undersøkelse av Forsvarets informasjonssystemer til bruk i operasjoner* (Dokument 3:3). Riksrevisjonen.
330 Se Reksnes, A. H. (2022, 31. desember). «Hemmelege norske sjøkart er i russiske hender». *NRK.no*.
331 NTB. (2022, 25. oktober). «Mann mistenkt for å være russisk spion er pågrepet i Tromsø». *TU.no*.

Ja vel. Det burde være unødvendig å si det, men et samfunn som vil ta vare på sin egen sikkerhet, kan aldri være helt åpent – og i alle fall ikke så åpent at fienden inviteres til fest.

Den til enhver tid sittende regjeringen må selvsagt ta ansvar. Det er likevel lite eller ingenting som tyder på at en annen regjering ville ha vært mer kompetent, eller beredt, før og under invasjonen.[332] På sentrum–høyre- og sentrum–venstre-aksen i norsk politikk har det generelt vært bred enighet om beredskaps-, utenriks- og forsvarspolitikken. Den borgerlige regjeringens skammelige knefall for Kina i 2017 vitnet om en nasjon som slett ikke er fremmed for litt hykleri overfor autoritære regimer, så lenge det er penger å tjene og arbeidsplasser å skryte av.[333] Noe lignende så vi i 2012, da statsminister Jens Stoltenberg – som senere skulle bli Nato-sjef – slapp en russisk oljegigant til på norsk sokkel. Eller da justisminister Monica Mæland i 2021 ble nødt til å stanse salget av Bergen Engines, som blant annet hadde ansvar for vedlikehold av norske «spionskip» – til russiske oligarker med tette bånd til Putin.[334] I april 2022 erkjente en etterpåklok Erna Solberg at man i Norge hadde vært for naive overfor Russland.[335] Den «norske

---

[332] Gjelsviks partipolitiske hemmelighold minner mer om Jan Tore Sanners pinlige hemmelighold i valgkampinnspurten i 2021 enn om et bevisst forsøk på å svekke nasjonal sikkerhet; se Stenerud, D. (2021, 30. september). «Dette kan ikke Jan Tore Sanner slippe unna med». *ABC Nyheter*.

[333] Eilertsen, T. (2017, 3. april). «Erna Solberg vil ikke om snakke om menneskerettigheter i Kina: – Økonomiske interesser har fått prioritet». *Aftenposten.no*.

[334] Flaaten, G., Støren, B. N., Edvardsen, A. & Eriksen, A. G. (2021). «Salget av Bergen Engines», metoderapport 2021. *Skup.no*.

[335] Kristiansen, A. A. (2022, 2. april). «Solberg med Russland-erkjennelse: Var for opptatt av å 'komme oss videre'». *Aftenposten.no*; I en helt annen beredskapssammenheng er det dessuten vanskelig å se for seg at en Støre-regjerings håndtering av koronapandemien i 2020 og 2021 ville vært særlig annerledes eller bedre.

naiviteten», eller tillitspatologien, overfor autoritære krefter er i det store og hele tverrpolitisk – og kronisk.

Vi har i andre kapitler skrevet om noen av Equinors mange utskeielser, men la oss ta med enda et eksempel. Aage Borchgrevink, seniorrådgiver i Den norske Helsingforskomité, har skrevet om den vanvittige avtalen mellom Equinor og den russiske oljegiganten Rosneft.[336] Ikke alt handlet om Norges naivitet eller grådighet (eller begge), skriver han: Mye av skylden må gå til et Vesten som i praksis la til rette for Putins krig i Ukraina, både ved å ignorere Putins brudd på menneskeretter i okkuperte land og ved å tillate at enorme summer – tappet fra virksomheter som var kontrollert av Kremls allierte – strømmet ut av Russland. Skatteparadiser og vestlige finansverktøy hjalp den russiske eliten med å hvitvaske penger, unngå skatt og sikre sine formuer ved å investere i Europa og USA.[337] I et nasjonalt sikkerhetsperspektiv var imidlertid det å gi store russiske selskaper som Rosneft og Lukoil tillatelse til å operere på den norske kontinentalsokkelen en av de mest iøynefallende fadesene – over grensen til det uforståelige – i norsk sikkerhetspolitikk i moderne tid.

«Gjensidig avhengighet bygger gjensidig tillit», sa Stoltenberg da han ønsket Rosneft velkommen i 2012.[338] Der og da hørtes jo det fornuftig og riktig ut. Men i oktober 2022 publiserte *Aftenposten* en omfattende gjennomgang av «norsk godtroenhet og virkelighetsflukt» da Rosneft fikk tilgang til Oljedirektoratets database

---

336 Borchgrevink, A. (2022, 5. desember). «Norway's oil deals helped empower Putin. It must learn from its mistakes». *OpenDemocracy*.
337 Borchgrevink (2022)
338 Sunnanå, L. M. (2012, 5. mai). «Stoltenberg ønsker russerne velkommen». *Aftenposten.no*.

Diskos.[339] Saken blir bare merksnodigere og merksnodigere, for å sitere Alice i Eventyrland. Ikke bare fortsatte norske myndigheter å gi et russisk selskap tilgang til et «skattekart» over ressursene på norsk sokkel etter Ukrainas invasjon; Russere fikk også tilgang til enorme mengder data om den norske havbunnen, inkludert informasjon om et område med militærstrategisk betydning. Politiets sikkerhetstjeneste skal ha advart mot Rosnefts operasjoner i årevis, men talte for døve ører. Enda mer bisart er det at det hadde tatt fire måneder fra Putins invasjon av Ukraina til Norge avviklet Rosnefts tilgang til Diskos. Da hadde russerne for lengst fått hva de trengte.[340] Og da Equinor omsider trakk seg ut av Russland, skal Rosneft ha betalt bare én euro – altså €1 – for Equinors investeringer og forpliktelser, verdsatt til 1 milliard dollar.[341]

Greit nok, det er bare *penger* – som Equinor og nasjonen kan avskrive med et skuldertrekk. Det store *eksistensielle* spørsmålet er: Hvorfor har Norge ignorert den russiske trusselen mot nasjonens sikkerhet, som jo har vært åpenbar i årevis? Skyldes det systemets sedvanlige treghet? Eller kanskje tyngden i den norske politiske tradisjonen, der det må lange prosesser til før man kan fatte en beslutning? Er det den uovervinnelige norske fredsmytologien som kommer til uttrykk; ideen om at vi er så fredelige og så snille at vi ikke har noe å frykte fra verden på

---

339 Skjeggestad, H. & Ekroll, H. C. (2022. 4. oktober). «Sikkerhetsforsker: – Vi har vært blåøyde». *Aftenposten.no*; Data etter et halvt århundres seismiske undersøkelser av norsk havbunn inneholder så sensitiv informasjon at de er lagret på servere i en fjellhall i Rennesøy i Boknafjorden.
340 Skjeggestad & Ekroll (2022)
341 Glover, G. (2022, 14. september). «Russia's Rosneft paid just $1 for a Norwegian oil major's main assets when the Ukraine war forced it to exit the country: report». *Yahoo.com*.

utsiden? Eller har den avslappede norske tilnærmingen rett og slett vært tuftet på en tillitspatologi – en *villet tro* på at det er bedre å ha Russland som venn heller enn som fiende?

Historien gjentar seg ikke, men den instruerer, skrev Timothy Snyder i *Om tyranni* (2017). Men av og til gjentar faktisk historien seg. Mange av de norske reaksjonene på trusselen fra et imperialistisk Russland kunne gi en følelse av *déjà vu*; et glimt av eskapismen og fornektelsen som var karakteristisk for de slurvete og kaotiske reaksjonene på trusselen fra Nazi-Tyskland i 1930-årene. Også her lå det tverrpolitisk inkompetanse i bunnen, samme hvor seiglivet konspirasjonsteorien om at 9. april var Arbeiderpartiets skyld, har vist seg å være. Budsjettene og føringene som lå til grunn for norsk forsvarspolitikk i 1940, var basert på kompromisser og langvarige, brede forlik på tvers av det politiske spektret.[342]

Det kan hende – som Erik Solheim har antydet – at Norge som medlem av et Nato med en høyt aktet norsk politiker som leder siden 2014, har slappet for mye av fordi nasjonen på forfriskende opportunistisk vis stolte på de betryggende musklene i beskyttelsen fra omverdenen. En annen grunn kan ha vært en lang tradisjon av vennlig og fredelig naboskap i nord, eksemplifisert ved «Lille Murmansk» i Kirkenes. I 1993 lanserte utenriksminister Thorvald Stoltenberg Barentssamarbeidet, et samarbeidsprosjekt mellom Russland, Finland, Sverige og Norge med et overordnet mål om å sikre fred og stabilitet i nordområdene.[343] I 2005 pro-

---

342 Se f.eks. første kapittel i Fagertun, F. (Red.). (2022). *Andre verdenskrig i nord: overfall og okkupasjon*, Orkana Akademisk; se også Skodvin, M. (1991). *Norsk historie 1939–1945: krig og okkupasjon*. Det norske samlaget.
343 Holm-Hansen, J. & Landsem, L. I. (2020, 13. desember). *Barentssamarbeidet*. Store norske leksikon.

klamerte Aftenposten: «Den kalde krigens skremmebilde av en slu og farlig bjørn i øst er blitt erstattet av bildet av en jovial og hyggelig bamsekar, til tross for norskrussisk uenighet om sokkelgrensen i nord.[344] Den gang ble den felles krigserfaringen med Nazi-Tyskland omtalt som «et viktig element i det som ofte betegnes som 'det historiske vennskap mellom Norge og Russland'».[345]

Men vi mener at det finnes en siste grunn til det halvsovende norske forholdet til trusler fra omverdenen; noe den kollektive norske (under)bevisstheten ikke kan, eller vil, snakke høyt om. Vi kan kalle det et fantasiunderskudd – en manglende forestillingsevne overfor det Hannah Arendt kalte «radikal ondskap». Nordmenn har stort sett vært spart for umenneskelige grusomheter i moderne tid, så lenge de ikke var jøder eller knyttet til motstandsbevegelse. I et brev skrev Arendt i 1951:

> Vi vet at de ondeste handlingene, eller radikal ondskap, ikke lenger har noe å gjøre med syndige motiver som mennesket er i stand til å forstå. Jeg vet ikke hva radikal ondskap er, men for meg ser det ut til at det på et eller annet vis har noe å gjøre med følgende fenomen: Det å gjøre mennesker som mennesker overflødige.[346]

Radikal ondskap innebærer en total umenneskeliggjøring av individet – vanligvis tuftet på redusering av ham eller henne til en parasitt som må utryddes. Radikal ondskap er en daglig ydmykelse av ofre for å minne dem på deres ikke-menneskelige status. Den innebærer å utsette dem for ubeskrivelig tortur for så

---

344 Aale, P.CH. (2005, 26. mai), «Ola og Ivan er venner». *Aftenposten.no*. Se også Iversen, R. (n.d.). *«Lille Murmansk» – det russiske Kirkenes*. Masteroppgave i sosialt arbeid.
345 Regjeringen (2002)
346 Arendt, H. & Jaspers, K. (1993). *Correspondence 1926–1969*. Harvest Books: 166.

å slette alle minner om deres eksistens. Alle imperier er mer eller mindre bestialske. Putins imperium har forsøkt å kle seg i en folkelig, internasjonalistisk anorakk, men oppegående mennesker i Vesten burde for lengst ha innsett at Putins Russland i bunn og grunn har det samme prosjektet som Sovjetunionen: Det handler om å spesialisere seg på å redusere mennesker til møkk.[347]

En sommerdag i 2011 ble det norske folk skrekkslagent vitne til et sjeldent tilfelle av radikal ondskap etter andre verdenskrig. Men terroristens nedslakting av uskyldige ungdommer på Utøya ble stort sett behandlet som en engangsforeteelse; som et avvik som ikke hadde noe med nasjonen for øvrig å gjøre. Og det hele gikk sakte inn i glemselen.[348] Og det lever nok mange – i politiet, i sikkerhetstjenesten, innenfor etterretningen og i politikken – nokså godt med, i alle fall de som har lyst til å glemme eller legge bak seg både en komplett ydmykelse av det norske sikkerhets- og politiapparatet og en skammelig dårlig terrorberedskap.

Når det er sagt, har selvsagt den nesten ukuelige norske optimismen i møte med mulige farer og trusler sine positive sider. Det er heldigvis ikke slik at ethvert problem umiddelbart blir en *krise* eller en *pest*. Ikke all forandring er sett som *slutten* på noe. Og ikke all utvikling er tolket som et eller annets postæra. Problemer er uunngåelige, men de kan løses, og forhastede diagnoser av enhver utfordring som symptom på et sykt samfunn kan gjøre mer skade enn gagn. Et land som til enhver tid skal være 100 prosent beredt til å stanse et nytt 22. juli, er heller ikke et land vi har lyst til å leve

---

347 Se f.eks. arbeider av Timothy Snyder, Anne Applebaum, Aleksander Wat, Gustaw Herling-Grudziński, Varlam Shalamov.
348 Man kan til og med hevde at terroren 22. juli gjorde nordmenn *mer* naive, nettopp fordi Breiviks slakt ble sett på som et unntakstilfelle.

i. Men i tilfellet Putin og invasjonen av Ukraina – og hans klart uttrykte planer om å ta kontroll over Arktis – har den likeglade holdningen til nasjonal sikkerhet ikke bare vært uklok og naiv; den er et klassisk eksempel på en suicidal tillitspatologi.

Har vi tillit til de intellektuelle?

I 1927 ga den franske essayisten Julien Benda ut sitt berømte angrep på tidsalderens intellektuelle korrupsjon, *La trahison des clercs*. «Klerkene» – et konsept inspirert av prestenes medhjelpere i middelalderen – refererte til akademikere, journalister, kommentatorer, moralister og folketalere.[349] «Forræderiet» var deres svik mot sitt eget virke – og sin egen integritet – som intellektuelle og deres manglende evne til å hindre den fascistiske vridningen og fremveksten av rabiat nasjonalisme i 1920-årene. Bendas kritikk var fremsynt. Tyrannene i det 20. århundre – Hitler, Franco og Mussolini – kom ikke til makten bare på grunn av en økonomisk krise og demokratisk støtte fra en oppegget mobb. Maktovertagelsen kunne skje, i alle fall delvis, fordi mange «oppegående» mennesker med mye utdannelse og mye kunnskap, snakket sludder om «demokratiets død» og «Europas forfall», i en tid som tvert imot fordret et energisk forsvar for og kraftig motstand mot de autoritære råtampene.[350]

Bendas ideer ble ført videre i et knippe av alarmerende studier på starten av dette århundret, fra André Glucksmanns *Dostoy-*

---

349 Den første versjonen på engelsk, *The Betrayal of the Intellectuals*, kom ikke før i 1955, utgitt av Beacon Press.
350 For en særlig innsiktsfull analyse, se Stern, F. (1965). *The Politics of Cultural Despair: A Study in the Rise of Germanic Ideology*. Doubleday.

evski in Manhattan (2001) og Richard Wolins *The Seduction of Unreason* (2004) til Mark Lillas *The Reckless Mind* (2004). Disse bøkene har dessverre ikke blitt fulgt opp av nye studier, som utvilsomt ville ha demonstrert hvordan internettet og sosiale medier har svekket det liberale forsvaret for demokrati og toleranse.[351] Det er uansett ikke tvil om at privilegentsiaen har vært med på å tappe liberale ideer for krefter. De postmoderne og ubarmhjertige «avsløringene» av vestlige institusjoner, språk og politikk som instrumenter for makt, kontroll og undertrykkelse, har ikke bare hulet ut et prosjekt som skulle frigjøre og fornye demokratiet; de har paralysert den universelle, menneskelige søken etter frihet og verdighet, ved å (om)definere den som en del av en imperialistisk, eller etnosentrisk, diskurs i Vesten.[352]

Mark Lilla har pekt på en intellektuell «tyrannofili», som er like utbredt på høyre- som på venstresiden.[353] Tyrannofili stammer ikke bare fra en forvrengt «sosialistisk» drøm om å innføre et perfekt samfunn ved bruk av diktatoriske og voldelige midler.[354] Den er også innebygd i den konservative «realist»-posisjonen, der man ganske enkelt ser på geopolitikk som «stormaktspolitikk». Ta for eksempel «realisten» Tormod Heier, oberstløytnant og

---

[351] Her finner vi ellers et enormt problem for det moderne demokratiet: Konspirasjonsteorier og myter om venstresidens «forræderi» er uendelig mye mer potente enn politikere og journalister har lyst til å ta inn over seg.

[352] Se nesten alle arbeider av Michel Foucault, Jacques Derrida, Noam Chomsky eller Alain Badiou. For sammendrag, se Scruton, R. (1985) *Thinkers on the New Left*. Longman; se også Kołakowski, L. (2008). *The Main Currents of Marxism*. W. W. Norton.

[353] Lilla, M. (2003). *The Reckless Mind: Intellectuals and Politics*. New York Review Books.

[354] Ta for eksempel verkene av den selverklærte leninisten Slavoj Žižek, som har vært forgudet av unge intellektuelle i Vesten.

professor ved Forsvarets høgskole, som ble en allestedsnærværende ekspert i norske medier i ukene og månedene før og etter invasjonen, og snakket om «russiske interesser». [355]

De fleste norske kommentatorer et godt stykke ut på venstresiden svarte på Putins krig med en nesten sjarmerende blanding av sorgløshet og selvmotsigelser. Vi kan ikke ta med alle utspillene her men la oss nevne noen: I *Klassekampen* skrev redaktør Mari Skurdal én uke før invasjonen at Norge var bedre i stand enn en del andre land til å møte fremmede påvirkningskampanjer,[356] og i oktober 2022 påsto hun at FFIs scenarioer var «grovt overdrevne».[357] «Det er EU og ikke Nato som avgjør Norges framtid», skrev Erik Solheim i en kronikk i *Dagens Næringsliv*.[358] Solheim har aldri vært vennlig innstilt til Nato, men da vi spurte ham om han ikke er bekymret for Norges sikkerhet, svarte han: «Putin har nesten [ikke] fokus på Norge. Hva skal den russiske ledelsen med informasjon om Norge? […] Dessuten blir et massivt angrep på Norges [gassledninger] et massivt angrep på Nato, så det er ikke noe å bekymre seg for.»[359]

I borgerlige aviser, som jo dominerer den norske pressen,[360] førte Putins forsøk på å rekolonisere Ukraina til noe mer nøkterne

---

355 Da hadde Tormod Heier alt lenge vært en vestlig kjendis på Russlands propagandakanal RT. Se Ørjasæter, E. (2022, 2. mars). «Han tok smertelig feil om krigen. Men det er ikke det han bør kritiseres for». *Nettavisen.no*.

356 Grasaas-Stavenes, E. & Shahibitzadeh, R. (2022, 17. februar). «Feirer triumf i infokrigen». *Klassekampen*.

357 Skurdal, M. (2022, 27. oktober). «Overdrevet». *Klassekampen*. https://klassekampen.no/utgave/2022-10-27/leder

358 Solheim, E. (2022, 15. mars). Kronikk: «Det er EU og ikke Nato som avgjør Norges fremtid». *DN.no*.

359 Samtale 20. november 2022.

360 Herbjørnsrud, D. (2017). «Nei, norske medier er ikke venstrevridde». *Senter for global og komparativ idéhistorie*.

analyser. Men som Cecilie Hellestveit har påpekt, forble et batteri av dilemmaer knyttet til alvorlige sikkerhetstrusler fra Russland – særlig i Nord-Norge –ubesvart og uløst i 2022.[361]

Det interessante – og foruroligende – i de innledende norske responsene på Putins planer om å erobre Ukraina var at intellektuelle som definerte seg som enten «sosialister» eller «konservative realister», fant hverandre – og til og med spilte på lag i sine rettferdiggjøringer av invasjonen. Vi har sitert noen intellektuelle som – væpnet med argumenter fra guruer som Noam Chomsky og John Mearsheimer – i fullt alvor har påstått at invasjonen var resultatet av Natos ekspansjon i øst, ikke en konsekvens av Putins psykopatiske, imperialistiske ambisjoner. Problemet er at Chomsky og co. aldri har avfunnet seg med at Russland er – og har vært – et mektig imperium. Det eneste imperiet de bryr seg om, er Amerikas forente stater, på tross av at det amerikanske imperiet lenge har vært en sovende vulkan, mens russerne har spyttet ild og røyk.[362] Når de intellektuelle i *Klassekampen* avfeier Russlands imperialistiske ambisjoner, sier de seg enig med Putin i at Russland har vært et evig offer. Det er slik deler av venstresidens intelligentsia møter de konservative haukene i døren: Begge rettferdiggjør – fra ulike posisjoner – autoritære prosjekter ved å trekke i tvil verdiene som sprang ut av den liberale kulturen på det europeiske kontinentet: toleranse, pluralisme, likhet, frihet. Velkommen til klerkenes forræderi, versjon 2.0.

---

361   Hellestveit, C. (2022) *Dårlig nytt fra Østfronten: Krigen som endrer alt*. Spartacus.
362   Det er verdt å minne om at Russland fortsatt er det tredje største imperiet i historien, bare overgått av det britiske og det mongolske. Sovjetunionen var en «union» bare på papiret; den ble *de facto* etablert over det meste av territoriet til det tidligere russiske imperiet.

«Realist»-posisjonene kommer i mange avskygninger (klassiske, defensive, aggressive), men nesten alle ignorerer moralske spørsmål. De insisterer på at stater først og fremst er styrt av sikkerhet og overlevelse, og at de handler ut fra nasjonale interesser i stedet for moralske prinsipper. Som en av realistskolens grunnleggere, Hans Morgenthau, sa det, kan realister rett og slett nekte å «identifisere enkeltstaters moralske ønsker med lovene som styrer universet».[363] Stormaktspolitikken overstyrer mindre staters rett til å strebe etter uavhengighet og identitet, og internasjonale sikkerhetsrisikoer som følge av kriger i «uviktige» land er viktigere enn kampen mot tyranni.

Russlands invasjon har rotet til det entydige bildet. Ifølge Tom Nichols, USAs kanskje fremste ekspert på internasjonale relasjoner, har krigen i Ukraina bevist at «realisme er tullprat».[364] Påstanden om at en ekspansjon av Nato er årsaken til Putins krig, er som å forsvare en kronisk koneplager: Han slår kvinnen sin fordi hun provoserer ham ved sin blotte eksistens.

Viktigere er det at både radikale (eller «progressive») posisjoner og realistposisjoner har en tendens til å overse det faktum at det 21. århundre igjen har blitt en slagmark i krigen mellom autoritære krefter og liberale demokratier. Mangelen på et resolutt forsvar for den liberale arven – og manglende støtte til og forståelse for ukrainernes sak som en *de facto europeisk* sak – kan, dersom Timothy Snyder har rett, i verste fall føre til en gjentagelse av Europas tidligere, selvdestruktive ettergivenhet overfor totalitære ledere.

---

363 Sitert i Ashford, E. (2022, 6. september). «In Praise of Lesser Evil? Can Realism Repair Foreign Policy?» *Foreign Affairs*: 212.
364 Ashford 2022: 211.

KAPITTEL 6

Erkjennelsen av at realistposisjonen har en bakside, kan illustreres av metamorfosen som en av Norges ledende konservative kommentatorer, Asle Toje, gjennomgikk. Helgen før Putins invasjon 22. februar var Tojes posisjon nesten avvæpnende selvsentrert:

> Jeg sier ikke at Ukrainas sak er svak. Jeg sier bare at deres sak ikke er vår sak. […] Realister, som jeg, vil påpeke at Ukraina er snublende nær å jumpe tilbake i Putins leir. Som Georgia før dem. […] Det er da forstemmende å se at Vesten nok en gang etablerer et narrativ om at motparten ikke har noen legitime interesser. […] Jeg sier ikke at Russland har rett – jeg sier kun at landet har legitime interesser. […][365]

Dette utsagnet høres ut som klassisk realisme. Men bare tre uker senere hadde Toje forandret mening om Russlands «legitime interesser».[366] Først hadde han oppdaget at Russland faktisk kunne tape krigen på grunn av «to svakheter ved den russiske invasjonsplanen: etterretning og logistikk. De synes å ha trodd at de ville bli mottatt som frigjørere. Dette må være den største etterretningsblunderen siden vi ble fortalt at den afghanske hæren ville holde stand mot Taliban. Dernest mente Toje nå at Vesten måtte støtte Ukraina, blant annet fordi angrepet var «et av de klareste bruddene på FN-pakten i moderne tid». Og til slutt bød han på et argument som var så tynt at det mest av alt virket som et forsøk på å renvaske seg:

> Jeg har i over ti år advart mot at Russland er [en] farlig stormakt; en svekket aktør [med] en hang til risikabel oppførsel; en koloss som gjør krav på en innflytelsessfære de ikke makter å håndheve; eier

---

365   Toje, A. (2022, 19. februar). Kronikk: «Kan vi få se filmen denne gangen?». *DN.no*.
366   Toje, A. (2022, 12. mars). Kronikk: «Hvorfor jeg tok feil om Ukraina». *DN.no*.

av verdens største atomarsenal: et farlig land som bør håndteres med stor varsomhet.

«Varsomhet» er et problematisk ord, siden det kan antyde at Vesten bør gi etter for – i det minste noen av – Putins krav. Vi vil si at i kampen mot en aggressiv, fascistisk stat – som igjen og igjen har gitt blaffen i sannheten, pakter og kontrakter – trenger verden *besluttsomhet*. En annen svakhet ved Tojes realisttilnærming handler om misforståelsen av demokratiet som et rent politisk system. I alle fornyelser av demokratiet, inkludert den amerikanske med dens «selvinnlysende sannheter» i 1776, har etiske forankringer vært en forutsetning dersom systemet skal være motstandsdyktig nok til å tåle det evige, ytre presset fra reaksjonære og fascistiske strømninger. Demokratiet kan ikke eksistere bare som et valgsystem, men må gi uttrykk for en trassig, etisk forpliktelse mot oligarkiers og imperiers allestedsnærværende gravitasjonskrefter.

Når dette er sagt, har etablerte medier presentert kritiske og sindige analyser av Russlands grusomme handlinger i Ukraina og et edruelig syn på den russiske trusselen mot europeisk sivilisasjon. Ifølge Larry Diamond er det ikke bare i Vestens interesse å beskytte ukrainernes rett til selvstyre:

> Måten krigen ender på, vil få andre land til å dra konklusjoner om hvor global politikk er på vei, og hvilken type av politisk system som har den største viljen og utholdenheten. Det er først da at verdens autokrater vil innse at demokratiet ikke er et svakt system, men har den legitimiteten, solidariteten og beslutsomheten som er nødvendig for å seire.[367]

---

367 Diamond, L. (2022, September-October)). «All Democracy is Global». *Foreign Affairs*: 193–194, vår oversettelse.

Diamond har et poeng: De fleste i det liberale Vesten har blitt sosialisert til å vise (selv overfladisk) respekt overfor andre sivilisasjoner. Samtidig er land som Russland og Kina åpne og eksplisitte om sin bunnløse forakt for vestlig sivilisasjon. I tillegg har autoritære tungvektere omfavnet kapitalismen til et punkt hvor fremvoksende markeder i diktaturer og illiberale demokratier konkurrerer med de industrielle og liberale G7-landene om å være det økonomiske maktsentret i verden. De såkalte E7-landene – Kina, India, Brasil, Tyrkia, Russland, Mexico og Indonesia – bygger hurtig opp finansinstitusjoner og handelssystemer som den nye utviklingsbanken og Kinas «Ett belte, én vei»-initiativ («det 21. århundres silkevei»), som utfordrer Det internasjonale pengefondet og Verdensbanken. Ledere i utviklingsland i Latin-Amerika og Afrika har nå et reelt valg når det gjelder finans og handel: De kan knytte seg til de autoritære maktene, bli del av den liberale verdenen eller navigere mellom de to, som India og Tyrkia.

Men Diamond undervurderer den paradoksale, mektige og avmektige etosen i liberal sivilisasjon, tuftet som den er på en kult av selvkritisk refleksjon og en streben etter generell åpenhet og innsyn. Det siste er både en dyd og en sårbarhet, hvis natur har blitt fanget av filosofen Leszek Kołakowski. I essayet «Selvforgiftningen av det åpne samfunn» (1990) skriver han om det liberale demokratiets innebyggede, selvdestruktive impuls. Kultiveringen av dialog og kompromiss har ofte en «hønsehuseffekt», altså småkrangler og unødvendig langvarige forhandlinger som bremser for effektiv handlekraft.[368] Et godt eksempel på disse langvarige byråkratiske prossesser ser vi i EUs pågående, ukoordinerte til-

---

368 Kołakowski, L. (1990). *Modernity on Endless Trial.* University of Chicago Press.

nærming til Kina.[369] Åpenheten og toleransen for «de(n) andre» fører med seg et mangfold av perspektiver og interesser, men åpner også for ekstremistiske utsvevelser og autokratisk mobbing. «Hvorvidt, og i hvilken forstand, det åpne samfunnet blir sin egen fiende», skriver Kołakowski, «er et foruroligende, vanskelig spørsmål som ligger bak mye av dagens politiske forvirring.»[370]

Som et av de rikeste, mest åpne og mest liberale demokratiene på jorden er Norge særlig sårbart overfor autoritære utfordringer. Å stole på at tyranner som Putin vil skåne nasjonen i den mørkeste time, eller at Nato alltid og for enhver pris vil forsvare oss nordmenn, er som å tro at ulven er vegetarianer. Den eneste veien fremover er å stille opp for ukrainerne til de har beseiret Putin, å styrke nasjonal sikkerhetsberedskap og evnen til selvforsvar i fremtidige hybridkriger og å bygge en sterk og ugjenkallelig allianse med likesinnede liberale stater i Europa.

---

369 Gåsemyr, H. J. (2022, 29. Desember). «Finner vi en middelvei til Kina?». *NRK.no*.
370 Kołakowski (1990)

Epilog

Vi lever i «The Age of Distrust», erklærte Roger Cohen i en lederartikkel i *New York Times* i 2016. Eksperter og politikere blir i økende grad sett på som sjamaner og bedragere som forfører folk for å tjene egne formål. Vanlige borgere regner med at systemet er rigget, og at eliter ikke arbeider for fellesskapets beste, men heller for pengene. «Siden mesteparten av menneskelig aktivitet er blitt globalisert, har korrupsjonen også blitt globalisert – i en slik grad at den har økt global ulikhet, skapt ekstremistiske grupper og forvandlet demokratier til autokratiske regimer som tilraner seg rikdom fra sine undersåtter.»[371]

Ifølge Cohen ser et økende antall av verdens innbyggere på politikk og det offentlige livet som en skamplett. Deres mistillit mates av stadig økende hauger av bevis – formidlet via digital teknologi – som forsyner oss med skandaler, lekkasjer og avsløringer av svindel. I dag vet vi – via WikiLeaks, Pandora Papers og Pegasus-prosjektet – om amerikanske krigsforbrytelser i Afghanistan og om politikeres utstrakte bruk av skatteparadiser, og vi har fått høre om utplasseringen av spionprogramvare i flere land.

---

371   Cohen, R. (2016, 19. september). «Opinion: The Age of Distrust». *New York Times*.

EPILOG

Ifølge Edelmans tillitsbarometer (2022) er det så mange bevis på allestedsnærværende forråtnelse og overvåking at 64 prosent av respondentene i land som USA, Brasil og Italia hevder at det er umulig å føre konstruktive debatter om saker borgere er uenige om, noe som har en skadelig effekt på demokratiets normale funksjon. Når mistillit er «the only game in town», mister vi muligheten til å samarbeide.[372]

Mot det internasjonale bakteppet av fusk og juks fremstår Norge nærmest som en anomali – en oase av fornuft, skjønnhet og sannhet. Du søker forgjeves etter politiske klovner som Boris Johnson – som lyver entusiastisk for sine landsmenn og deretter driver dem til økonomisk kollaps. Du må lete hardt etter en infantil, misogyn narsissist som Donald Trump, hvis drøm har vært å avskaffe demokratiet i USA. Og du vil aldri finne en politiker som Witold Waszczykowski, tidligere polsk utenriksminister, som insisterer på at en verden som blander raser og promoterer «syklister og vegetarianere», er syndig og uforenlig med nasjonale verdier.[373]

Norge ser ut til å ha unngått den giftige smitten fra «mistroens tidsalder.» I 2023 kan Norge muligens være det eneste landet i verden der det er så mange dydige politikere at det er mangel på forførende løfter overfor velgerne. Mange av informantene som har bidratt til denne boken, har insistert på at «det ikke er oljen som er den norske skatten; det er det høye sosiale tillitsnivået». Tillit smører det norske demokratiets hjul: Den fremmer sosialt samarbeid, temmer korrupsjon, legger til rette for offentlige og

---

372   Edelman. (2020). «Trust 22». *Edelman.com*.
373   Waszczykowski, W. (2016, 4. januar). «Waszczykowski w niemieckiej gazecie: nie chcemy świata złożonego z rowerzystów i wegetarian». *Newsweek.pl*.

«siviliserte» debatter om rikets tilstand og oppmuntrer til dialog mellom sivilsamfunn, politiske eliter og uavhengige medier.[374] Ambisjonen til enhver politiker med en dose selvrespekt er å bestå den såkalte VG-testen: At man aldri bør havne i en skandale som ville satt en på forsiden av tabloiden *Verdens Gang*.[375]

Idet vi ikke bestrider gyldigheten av denne solfylte fortellingen, har vi forsøkt å zoome ut av den norske «planeten for evig tillit» (PET). I stedet for å spørre om det finnes tegn på en tillitskrise i det norske samfunnet, har vi stilt et annet spørsmål: Hva om det er *for mye* tillit i kongeriket Norge? Hva om de norske borgerne har oversett at deres politikere, statsapparat og næringslivsledere ikke har vært tilliten verdig? Og hva om de norske institusjonene – vel vitende om samfunnstilliten som en nesten pavolvsk hunds reaksjon – har drevet med grumsete handlinger som ikke alltid tjener det norske demokratiet? Norge er ikke Hellas eller USA. Men også Norge har et «mininomenklatur eller, som vi kaller det, en «kosefjøselite» (kapittel 1) som gjerne underminerer den berømte norske modellen uten at det blir bråk.

I de foregående kapitlene har vi forsøkt å vise den paradoksale baksiden av norsk overtillit. Ved å bruke saker som Equinor, oljefondet, Transocean-skandalen og Terje Rød-Larsens moralske korstog har vi forsøkt å vise hvordan de norske tillitspatologiene springer ut både fra et sterkt etisk program – dypt forankret i norsk kultur – og fra det Quassim Cassam kaller «sinnets laster» (*vices of the mind*); inkompetanse, en overoptimistisk tro på at

---

374   Ortiz-Ospina, E. & Roser, M. (u.d.). «Trust». *Our World in Data*.
375   Vi har lært om VG-testen av Erik Solheim.

man lever i den best mulige av verdener, systemisk treghet eller alminnelig latskap. Den siste har blitt fanget opp av en vits om to polske håndverkere som drikker kaffe på en av Oslos byggeplasser: «Du», sier den ene av dem, «vi kan ikke bare stå her og drikke kaffe. Det er fare at folk vil tro at vi er norske.»

Den komplekse – kulturelle, politiske og kognitive – opprinnelsen til den norske tradisjonen for tillit, godhet og velferd innebærer at det finnes både positive og negative sider ved den norske overtilliten. Eller for å bruke den nobelprisvinnende elektrikeren Lech Walesas uttrykk, viser overtillit til «negative plusser og positive minuser» ved den norske kulturelle tradisjonen. Et tillitsfullt samfunn unngår det psykologene kaller en negativ skjevhet: Det er mindre paranoid, mindre tilbøyelig til å tro at politikere alltid har en skjult agenda, eller at alle næringslivsledere er kjeltringer. Tillitssamfunnet er mer innstilt på å fremheve de gode sidene ved menneskets natur enn dets ekle eller sadistiske tilbøyeligheter. Nordmenn tar derfor den rikholdige vestlige litteraturen om den tilsynelatende døden til ditt og datt – om det er «demokratiets død», «naturens død» eller «menneskets død» – med en klype salt.

Ting begynner imidlertid å gå galt når folk ikke bare mistolker overtilliten sin som en dyd, men i hemmelighet er stolte av sin naive uskyldighet. For mange av våre informanter var ordet «naiv» synonymt med «uskyldig», «uberørt» og «tillitsfull» – i motsetning til den skjeve, ondskapsfulle verdenen der ute. Den store filosofen Arne Næss – kjent for sin forkjærlighet for presisjon – fanget nok dette aspektet ved den nasjonale dyrkingen av naiviteten med utsagnet: «Vi nordmenn ... har råd til å være naive. Mektigere politikerne smiler og sier: «Well, he is Norwegian. No wonder he is a Gandhian.»[376] Det er klart at naivitet tilhører det norske manuset for selvbeundring. Det Næss ikke sier, er at naivitet glorifisert som en dyd kan lamme ansvarsfølelsen og komme farlig nær å forvandle innbyggerne til nyttige idioter. Som Ernest Hemingway sa det: «Mange virkelig ondartede ting stammer fra uskyld.»[377]

Vår intensjon har vært å vise hvordan tillitens patologier påvirker oppfatninger av norsk demokrati og maktspill. I dag stoler norske borgere blindt på staten, som lar store selskaper som DNB eller Telenor flytte enorme mengder penger til skatteparadiser. De stoler på en stat som tillater en kultur der skatteparadiser er ok, så lenge du er i en eksklusiv milliardklasse. Hvis du ikke er det, og du tar dine patetiske Nav-tusenlapper og flytter til Danmark, blir du arrestert og satt i fengsel. Du kan si: Sånn er livet. Lover er edderkoppnett som de store fluene bryter gjennom, og som de små blir fanget i. Vel, vi tror ikke livet behøver å være slik, i alle fall ikke i et av de mest dydige liberale demokratiene på jorden.

Spørsmålet er: Hvorfor skal vi stole på bedriftsledere som i likhet med Nicolai Tangen skryter av sine utmerkede handelsforbindelser med Facebook og Google? (Se kapittel 2.) Hvorfor skal vi tro på den tidligere hedgefondsspekulanten som hyller oligopoler som spesialiserer seg i skatteunndragelser og umyndiggjøring av borgere ved å binde dem til deres plattformer? Hvorfor stoler du og jeg på et rettssystem som lar en norgesbasert filial av et multinasjonalt selskap som Transocean – og dets hær av advokater og finansakrobater – slippe unna å betale skatt og trygt plassere over-

---

376 Rothenberg, D. (1992). *Is it Painful to Think? Conversations with Arne Næss.* University of Minnesota Press: 109.
377 Hemingway, E. (u.d.). «Quote by Ernest Hemingway». *Goodreads.com.*

skuddet sitt på Caymanøyene? (Se kapittel 3.) Og hvorfor stoler vi på staten, som har ubegrenset tillit til Equinor? (Se kapittel 4.)

Det siste spørsmålet viser til en trippel og villet overtillit: Staten foretrekker å holde seg passiv og stoler blindt på Equinors evne til å komme seg ut av sitt skandaløse sløseri av midler, kroniske nestenulykker, feilslåtte investeringer (til tross for advarsler) og sin spektakulære, Jaguar-aktige ekstravaganse. Når gravejournalister og frivillige organisasjoner avdekker den stygge sannheten om Equinors forbrytelser og forseelser, stoler myndighetene på Equinors forsikringer om at de vil «rydde opp» etter alle sine skandaler.[378]

Slike offentlige tenkemåter og strategier er perverse fordi de svekker innbyggernes tillit, uten at innbyggerne selv merker det. I noen tilfeller, som Transocean-skandalen, har den norske stat abdisert fra sitt ansvar – og lovsystemet har sviktet – ikke fordi juridiske eksperter var korrupte, men fordi eksisterende lovgiving tillot det. Man har lyst til å sitere Al Capone: «Jeg er overrasket over at så mange mennesker vender seg til kriminalitet når det er så mange lovlige måter å være uærlig på.»[379]

Et av kapitlene våre handler om den episke historien om den norske helten som har vært en legemliggjøring av den norske tillitkunsten: Terje Rød-Larsen. Mange spørsmål i denne historien forblir ubesvart: Hvorfor valgte mannen som var synonym med mytologien om Norge som fredsnasjon, å stole på en barnemishandler og ta imot Jeffrey Epsteins overdådige donasjoner?

---

378 For eksempel NTB (2019, 8. september). «Equinor vil rydde opp etter utslipp på Bahamas». *Aftenposten.no*; se også Løf, A. (2019, 13. mai). «Sjef for Petroleumstilsynet: – Vi har hatt for stor tillit til oljeselskapene». *Aftenposten.no*.
379 Sitert i MacHale, D. (1999). *Wit: The Last Laugh*. Mercier Press: 59.

Hvorfor fortsatte norske UD å overse Rød-Larsens tvilsomme etiske portefølje, som inkluderte et batteri av *peccadillos* – fra Fideco-prosjektet med regnskapsrot og tap av millioner til anklager om skatteunndragelse? Hvor kom UDs grenseløse tillit til Rød-Larsen fra?

I kapittel 6 har vi utforsket noen av konsekvensene av den norske tilliten til Russland – og spesielt Putins Russland – som en god og pålitelig nabo. I begynnelsen av Putins invasjon hevdet noen kommentatorer, på både den venstre og den høyre siden, at Putin tilsynelatende hadde «legitime grunner» til å invadere Ukraina og rekolonisere landet. Hvorfor tok det så lang tid – det vil si nesten åtte måneder – for den norske stat å stenge den nordlige grensen til Russland? Hvorfor fikk et datterselskap av den russiskeide oljegiganten Rosneft tillatelse til å samle data om den norske havbunnen, inkludert den nasjonale seismikkdatabasen Diskos? «Vi har vært blåøyde», sa sikkerhetsforskere.[380] Men som vi har antydet, er «blåøyd» en elegant måte å si at vi har lidd av «sinnets laster» på (se s. 32).

I våre anatomier av overtillit har vi forsøkt å unngå de franske jakobinernes fristelse til å rope «j'accuse!» Målet vårt har snarere vært å forstå de ofte kompliserte motivene og dilemmaene til hovedaktørene i det norske tillitsteatret. For hvordan bestrider man et naturlig ekspasjonsbehov hos olje- og teknogiganten Equinor, selv om selskapet har vist seg å tjene flere petrokroner hjemme enn i utlandet? Og hvordan bekjemper vi våre forbindelser med mektige globale oligopoler som ikke kjenner noen geografiske grenser, og som ikke setter grenser for sin grådighet?

---

380   Skjeggestad & Ekroll (2022)

EPILOG

Vi har fanget Norge ved et ideologisk veiskille, der det krympende antallet prodemokratiske land utfordres av autoritære supermakter, som Kina og Russland. På den ene siden er man fristet til å si at norske borgere lever i en fantasiverden med sin tillit og naivitet. Som Terje Tvedt har vist, peker det norske godhetsregimet mot mangel på kontakt med verdenen der ute og mot en ahistorisk tro på norske dyders universalisme. Men kanskje er Tvedts avsløring av nasjonale selvbedrag fundert på ensidig negativitet?

Fra vårt utenforstående perspektiv er Norge ett av få samfunn i Europa – om ikke i verden – som har et genuint «erotisk» forhold til sitt lands skjønnhet og dets regjeringers høyere klokskap. Nordmennene er fortsatt programmert til å tro at politikerne, både til venstre og til høyre, vil praktisere en «sivilisert kapitalisme» som evner å orkestrere effektiviteten og dynamikken i næringslivet uten å dyrke et verdenssyn basert på *survival of the fittest* (se Nicolai Tangens forkjærlighet for «humanokrati»[381]). De norske politikerne har lykkes i å skape en balanse mellom samarbeid og konkurranse, uavhengig av hvilket parti som har hatt makten.[382] Og de norske velgerne har svelget markedsliberalismens kamel fordi de har stolt på at staten kan garantere en lykkelig velferdsstat for alltid.

Men ingenting varer evig, heller ikke nordmenns romanse med seg selv. Den norske modellen slår sprekker – og på ulike fronter:

---

381 Tangen refererer ofte til en bok av Hamel, G., og Zanini, M. (2020). *Humanocracy. Creating Organizations as Amazing as the People Inside Them*. Harvard Business Press Review.
382 Midttun, A. & Witoszek, N. (2019). «The Competitive Advantage of Collaboration: Throwing New Light on the Nordic Model». *New Political Economy*, 25(6): 1–17.

Vi har strømkrisen, som legger et enormt press på husholdningene, helse- og transportsystemet, som ikke leverer effektive tjenester, og boligmarkedet, som presser eiendomsprisene til stratosfæren og ødelegger en vanlig sykepleiers eller sosialarbeiders «norske» drøm om å skaffe seg rimelig bolig i byen.[383] Utallige avisreportasjer har demonstrert at mange eiendommer har skjulte eiere i skatteparadiser, og at norske myndigheter ikke vet hvem de er, eller hvor de bor.[384]

Vet de ikke eller *vil de ikke vite*? Eller kanskje har staten kapitulert for markedskreftene fordi det – for tiden – ikke finnes bindende juridiske regler som forbyr usynlig eierskap. Skatteforsker Andreas Øklands kommentar er typisk: «Vi er nok litt naive i Norge.»[385] Men som vi har antydet, uskadeliggjør og blottlegger ordet «naivitet» et gigantisk problem som bidrar til å skape økt ulikhet og fremtidige spenninger. Det vi vet, takket være Transparency International og *Dagens Næringsliv* sine faktabaserte reportasjer, er at mer enn 10 prosent av de mest attraktive eiendommene i Oslo – på Aker Brygge, på Tjuvholmen, i Bjørvika og på Sørenga – eies fra skatteparadiser.[386] Vi vet også at Madison International, som er lokalisert i New York, kan bestemme hvilke butikker eller spisesteder som skal få holde til på grunnplanet i Sørenga og i Barcode-kvartalet. I tillegg har gravejournalister dokumentert hvordan mangel på plikt til tinglysing gjør at flere enn 100 000 norske eiendommer

---

383 Gitmark, H. (2020). *Det norske hjem*. Res Publica.
384 Se *Dagens Næringsliv*s artikkelserie «Hvem eier Norge?», publisert mellom 2021 og 2023.
385 Eliassen, I. (2022, 13. desember). «Norge vil at alle skal vite hvem som er skjulte eiere, men EU-domstolen sier nei». *Vårt Land*.
386 www.transparency.org/en (Lest 6. januar 2023.)

er registrert på døde personer.[387] Situasjonen minner om Nikolaj Gogols roman *Døde sjeler* (1842), men snudd på hodet. I Gogols roman kjøper eierne døde sjeler for siden å presentere dem som levende på papiret for å få skattefordeler. I Norge *anno Domini* 2023 er det «døde sjeler» som kjøper og eier Norge.

Har politikerne ment at det skulle skje? Er det fordi folk i sin passive aksept av *status quo* – og tillit til velferdsstatens guddommelige visdom – ikke har våknet og gått ut i gatene for å kreve en boligpolitikk for vår tid? Har staten vasket hendene fordi den har hoppet til sengs med store bedrifter uten å fortelle det til noen? Eller er utviklingen av den vampyraktige byen ukontrollerbar – en del av den globale trenden som nasjonale rettssystemer ikke har klart å dechiffrere, for ikke å nevne temme? Juridiske eksperter synes å følge en variant av Truman-loven: «Hvis du ikke kan løse problemet, forvirr fienden.»

Som nevnt i kapittel 3 er disse nye utfordringene et resultat av en «asymmetrisk globalisering»; en situasjon hvor styringsinstitusjonene og lovgivningen har sakket akterut, bak den transnasjonale, økonomiske og teknologiske akselerasjonen.[388] Et av resultatene av denne utviklingen har vært fremveksten av bedrifters samfunnsansvar, som har generert en voksende moralsk periferi med gode forsetter som man snakker frem. Problemet er at samfunnsansvaret ikke har maktet å parere tornete spørsmål i den mørke kommersielle kjernen: skatteparadisering, oligopolmakt eller aktiviteter i gråsonen mellom svindel og lovlige transaksjoner. Vi har for eksempel en lov som forbyr norske partier å motta penger fra utlandet. Dette

---

387 Se Gjernes, K., Sæter .K., Bakken, J. og Otterhom, G. (2022, 25. november) «Hvem eier Norge?». *DN.no.*
388 Midttun (2022)

for å sikre oss mot økonomisk og politisk korrupsjon. Men ifølge lederen av partilovnemnda, jusprofessor Eivind Smith, er det lett «å lure loven på lovlig vis».[389] Man trenger bare at en utenlandsk giver – si den russiske olje- og gassgiganten Gazprom – oppretter et norsk aksjeselskap med kontorer på Karmøy som kan sluse pengene gjennom systemet på lovlig vis. «Hadde pengene kommet fra morselskapet, ville donasjonen vært ulovlig. Kommer den fra et norsk aksjeselskap er det helt ok.»[390]

I januar 2023 avslørte *Dagens Næringsliv* hvordan partiet Høyre har fått millionbeløp fra norske selskaper med eiere som har koblinger til Sveits, Monaco og USA. Den rauseste gaven var fra Canica, som er kontrollert av familien til matmilliardær Stein Erik Hagen.[391] Denne formen for undergraving av demokratiske prosesser er blitt så vanlig at den knapt blir lagt merke til av velgerne, som har tillit til valgsystemet. Spørsmålet er om velgerne har for mye tillit.

I boken *The Price of Democracy* antyder Julia Cagé at vi lever i en tid da de som vinner, er de som betaler.[392] Offisielt var det ingen korrupsjon i finansieringen av Macrons kampanje, i betyd-

---

389   Rydje, O. M. & Madsen, L. B. (2023, 12. februar). «Et smutthull gjør det lovlig og lett for utenlandske aktører å gi pengegaver til norske partier». *DN.no*; før siste valg ga Canica til sammen 21,5 millioner kroner til Høyre, Fremskrittspartiet, Venstre og Kristelig Folkeparti, og brorparten av denne summen, 12,5 millioner kroner, ble gitt til Høyre.

390   Rydje O. M. & Madsen, L.B. (2023, 12. februar).

391   Et lignende smutthull tillot Mubadala, et investeringsfond i Abu Dhabi med forbindelser til Russland, å forsøke å kjøpe seg inn i den nordiske fiberkjempen GlobalConnect, som leverer internett til både myndigheter og private selskaper i Norge. Selskapet beskriver seg selv som «Nordens ledende leverandør av digital infrastruktur»; se Kibar, O. & Finstad, Ø. (2023, 13. februar). «Sikkerhetsstopp om investeringer fra utlandet: – Ekstra bevissthet og årvåkenhet er nødvendig». *DN.no*.

392   Julia Cagé, (2020). *The Price of democracy: How Money Shapes Politics and What to do about it?* Harvard University Press: xii.

ningen *quid pro quo*, men en rik fransk lobbygruppering omgikk lovene med en konsentrasjon av midler fra et lite antall givere som ønsket Macron og hans skattepolitikk for de rike.

Skatteunndragelse og bruk av skatteparadiser er kreative og (delvis) aksepterte strategier anvendt av mektige aktører for å misbruke innbyggernes tillit, plyndre deres lommer og forvitre deres demokratiske institusjoner. I et debattpanel ved World Economic Forum i Davos i 2019 bemerket Rutger Bregman, forfatteren av bestselgeren *Utopia for Realists*,[393] at 1500 av forumets deltagere hadde reist til Davos med privatfly for å høre David Attenborough snakke om klimaendringer. «Jeg hører folk snakke om deltagelse, rettferdighet, likhet og åpenhet», sa han:

> [M]en nesten ingen tar opp det virkelige spørsmålet om skatteunndgåelse, ikke sant? Og ingen nevner de rike som ikke betaler sin rettferdige del. Det føles som om jeg er på en brannmannskonferanse der ingen har lov til å snakke om vann.[394]

Når det er sagt, er hovedarkitekter av avdemokratiserende prosesser og økende ulikhet ikke bare mektige milliardærer (hvis antall i Norge minsker på grunn av en massiv utvandring til Sveits). Kriser i norsk eldreomsorg, helsesektor, offentlige tjenester og utdanning er også effekten av tillitspatologier dyrket av det vi kan kalle «underdog-sosialister». Patologiene inkluderer:

1) Ukritisk tillit til digitalisering og AI som magiske verktøy som skal humanisere velferdsstaten. Så langt har e-modernisering gjort det motsatte: redusert mennesker til tall eller abstraksjo-

---

393 Bregman, R. (2018). *Utopia for Realists*. Bloomsbury.
394 Farrer, M. (2019, 30. januar). «Historian berates billionaires at Davos over tax avoidance». *The Guardian*.

ner og korrumpert språket som tillater oss å uttrykke medfølelse og samarbeidsånd.
2) Overtillit til rasjonalitetens makt og fremstillingen av mennesker som spillteoretiske aktører.
3) Glorifisering av fornuften som overser folkets emosjonelle behov for positive myter om seg selv, og for historier som øker følelsen av verdighet og tilhørighet.
4) Overdreven tillit til identitetspolitikken, som ofte pleier å oppildne veksten av nasjonalisme.
5) «Pisking av de døde hestene» (USA) og skjult beundring for aggressive autoritære supermakter, som Kina og Russland.

Det finnes utallige tilfeller av norsk overtillit som vi ikke har tatt med i vår bok. Vi har belyst de mest slående tillitspatologiene for å vise hvordan norske dyder blir til plager som truer med å undergrave det norske demokratiet. I vårt arbeid med å forstå denne prosessen har vi fått god hjelp av kompetente norske journalister som ikke har falt for fristelsen til å hengi seg til gledene ved norske kosefjøs, men som har forblitt innsiktsfulle voktere av det rikeste liberale petrodemokratiet på jorden. Det er disse gravende journalistene som beviser at intelligentsiaens oppgave ligner på rollen til de romerske Kapitol-gjessene. I 300 f.Kr. klarte romerne å motstå «barbarenes» angrep takket være gjessene, som begynte å kakle høyt og flakse febrilsk med vingene da de så fienden komme. Dette er den kritiske intelligentsiaens rolle: Å kakle når demokratiet er i fare.

Litteratur

Aftenposten (red.) (2022). «Kom med sterk kritikk av forsvarssystemer». *Aftenposten.no*, 4. oktober

Anker, Peder (2022). *Livet er best ute*. Kagge Forlag

Andresen, Øyvind (2021). «Tangen må betale 335 millioner til britiske skattemyndigheter etter forlik». *Andresensblogg*.no, 11. juni

Andresen, Øyvind (2022). «Det finnes ikke korrupsjon i Norge». Andresensblogg.no, 22. september

Andvig, Jens Christopher (2016). «Økokrim som Hoggestabbe». *Klassekampen*, 21. januar

Applebaum, Anne (2020). «Putin Blames Poland for World War II» - *The Atlantic*, 5. januar

Arendt, Hanna og Jaspers, Karl (1993). *Correspondence, 1926-1969*. Harvest Books

Arnseth, Andreas (2005). «Norsk oberst får kritikk etter folkemord». *VG*, 29. juli

Ashford, Emma (2022). «In Praise of Lesser Evil? Can Realism Repair Foreign Policy?» *Foreign Affairs*, September/October

Bamvik, Benedicte Storm og Lier, Truls (2022). «Norske investorer gir hjelp til Ukrainas hjemmefront». *E24*, 6. mars

Barańczak, Stanislaw (1978). «NN begynner å stille seg selv noen spørsmål», vår oversettelse. Publisert på engelsk i *Artificial Respiration*, Brooklyn Rail, 2013

Battory.org (2007). Imperium Putina. Fundacja Batorego, Imperium Putina - Fundacja im. Stefana Batorego (batory.org.pl)

Bellini, Pier Paolo (2016). «Weber and Luhmann: Connecting Threads between Work Faith and Systemic Trust.» weber-and-luhmann-connecting-threads-between-work-faith-and-systemic-trust.pdf, walshmedicalmedia.com

Benda, Julien (1955). *The Betrayal of the Intellectuals*. Beacon Press

Bernardo, Javier Garcia og Janský, Petr (2021). «Profit Shifting of Multinational Corporations Worldwide,» *International Centre for Tax and Development*, March

Bie, Trond (2022). Google tapte anken, må betale EU 41,3 milliarder kroner – *It-avisen*, 15. september

Birkevold, Harald (2005). «Transocean trikset med rigg.». *Stavanger Aftenblad*, 16. februar

Bistandsaktuelt.no Samler næringslivet til kamp mot rettighetsbrudd (bistandsaktuelt.no)

Bjørkdahl, Kristian (2021). «The Nobel Savage: Norwegian Do-goodery as Tragedy» i Puyvallee og Bjørkdal *Do Gooders at the End of Aid. Scandinavian Humanitarianism in the twenty first century*. Cambridge: Cambridge University Press

Bomann-Larsen, Tor (1993). *Den evige sne*. Oslo: Cappelen

Boon, Marten (2022). *En nasjonal kjempe. Statoil og Equinor etter 2001*. Oslo: Universitetsforlaget

Brandal, Nik, Døving, Cora Alexa og Plesner, Ingvill Thorson (red.) (2017). *Nasjonale minoriteter og urfolk i norsk politikk fra 1900–2016*. Oslo: Cappelen Damm Akademisk

Brandal, Nik (2018). «Nordic way of doing politics» i Nina Witoszek og Atle Midttun (eds.) *Sustainable Modernity*: *the Nordic Model and Beyond*. London: Routledge

Breivik, Espen Moe (2023). «Måling: Mer enn en av fire nordmenn frykter Russland». *VG Nå*: Krig i Ukraina, 16. mai

Brooks, David (2006). «Opinion. All Politics Is Thymotic.» *The New York Times*, 19. march

Bullough, Oliver (2020). *Pengeland: Hvordan finanseliten og de superrike stjeler fra folket og truer demokratiet*. Oslo: Res Publica

Butenschøn, N. (1997). «The Oslo Agreement in Norwegian Foreign Policy» CMEIS Occasional Paper no 56 Durham: Center for Middle Eastern Studies

Cappelen, Aleksander (2022). «Er de rike egoister?» *Dagens Næringsliv*, 17. februar. Den originale artikkelen publisert av A. Cappelen et al. i Proceedings of the National Academy of Science, vol. 97, no 3, The Pluralism of Fairness Ideals: An Experimental Approach (nhh.no)

Cagé, Julia (2020). *The Price of democracy: How Money Shapes Politics and What to do about it*? Harvard University Press

Carroll, Lisa O (2011). «Ireland's real corporate tax take revealed.» *The Guardian*, 22. februar

Cassam, Quassim (2019). *Vices of the Mind: From the Intellectual to the Political*. Oxford University Press.

Cnbc.com (2016). How Apple's Irish subsidiaries paid a 0.005 percent tax rate in 2014 (cnbc.com)

Cohen, Roger (2016). «The Age of Distrust». *The New York Times*, 19. september (nytimes.com)

Corbin, Jane (1994). *Gaza First: The Secret Norway Channel to Peace between Israel and PLO*. London: Bloomsbury

Dagens Næringsliv (2020). «Equinors tidligere internrevisor: - Det var komplett mangel på kontroll», dntv.dn.no

Dagens Næringsliv (2021). «De hemmelige Equinor-rapportene.» 6. mai

Dagens Næringsliv (2022). «– Jeg tror dette kan bli helt fantastisk.» DNB Nyheter, 6. mai

Dagens Næringsliv (2022). Disse norske rikingene har allerede flyttet til Sveits – E24; Bjørn Dæhlie og kona flytter til Sveits, skal jobbe mindre | DN, 2022

Dagens Næringsliv (2022). «Hvem eier Norge» publisert mellom 2021–2023 i Magasinet | DN, Hvem eier Norge? (DN+) | DN

Dale, Geir (2000). *Grenser for alt. Kritiske perspektiver på norsk utenrikspolitikk*. Oslo: Spartacus Forlag.

Deepwater.com SEC Filing | Transocean Ltd. (deepwater.com)

de Bengy Puyvallée, Antoine og Bjørkdahl, Kristian (reds.)(2021). Do-Gooders at the End of Aid. Scandinavian Humanitarianism in the twenty first century. Cambridge: Cambridge University Press

Diamond, Larry (2022). «All Democracy Is Global. Why America Can't Shrink From the Fight for Freedom». *Foreign Affairs*, September/October

Digital Markets Act (2022). «DMA: Council gives final approval to new rules for fair competition online.» Rådet for Den europeiske union, *Digital Markets Ac*t, 18. juni

Douglas, Mary (2002). *Purity and Danger: An Analysis of Concepts of Purity and Taboo* (1966), London: Routledge

Ecfr.eu (2022).«The crisis of European security: What Europeans think about the war in Ukraine». The European Council on Foreign Relations

Edelman.com Trust 22_Top10 (edelman.com)

Elektro24-7 (2023). «Opplyst kunstverk skal skape TILLIT». *elektro247.no*, 13. januar

Eliassen, Ingeborg og Trellevik, Amund (2022). «Norge vil vite hvem som er skjulte eiere, men EU sier nei». *Vårt Land* (vl.no), 13. desember

Elysee.fr (2022). Déclaration des conseillers des chefs d'État et de gouvernement du format Normandie. *Élysée* Normandie-formatet, 26. januar

Entzensberger, Hans Magnus (1984). *Norsk utakt*. Oslo: Universitetsforlaget

Equinor.com «Renewable energy and low-carbon solutions.»

Eriksen, Arne (1992). *Fideco-eventyret: Rosa japper i fiskefarse*. Tromsø: Stallo Forlag

Eriksen, Anne (2014). *From Antiquities to Heritage. Transformations of Cultural Memory*. Berghahn Books

Eriksen, Morten (2019). «Bortfaller den straffbare opplysningsplikten i straffesaker når skatteretten blir vanskelig?». Skatterett, *idunn.no*, 30. august

Euobserver.com (2023). https://euobserver.com/economic/142410

EurObserver (2015). «EU in new push for common corporate tax base.» EurObserver, 17. juni

Expressen.se (2019). «Kajsa Norman: Vissa svenska värderingar är rätt extrema.» https://www.expressen.se/noje/kajsa-norman-vissa-svenska-varderingar-ar-ratt-extrema/

Evang, Karl (1934). *Rasepolitikk og reaksjon. Det norske forslag for steriliserings*. Oslo: Forum Forlag

Fagertun, Fred (red.)(2022). *Andre verdenskrig i nord. Overfall og okkupasjon.* Oslo: Orkana forlag

Financial Times (2012). «Norway's force in the oil world.», 29. Juli

Farrer, Martin (2019). «Historian berates billionaires at Davos over tax avoidance». *The Guardian*, 30. Januar

Fisher, Mark (2019). «Jeffrey Epstein, accused of sexually abusing teenage girls, surrounded himself with influential network of defenders». *The Washington Post*, 9. juli

Fitzgibbon, Will (2021). «Fears of 'significant deterrent' for whistleblowers as top European court quashes Lux Leaks case.» *International Consortium of Investigative Journalists*, 12. mai

Fjellberg, Anders, Myrset, Ola og Elvevold, Eirik Billingsø (2020). «Må svare om Equinors Angola-betalinger etter E24-saker». *E24*, 17. september

Fjellberg, Anders, Myrset, Ola og Elvevold, Eirik Billingsø (2021).» Tina Bru om Equinor i Angola: – Bra at selskapet ikke ville inngått slike avtaler i dag». *E24*, 19. mars

Flaaten, Gerhard, Støren, Bendik Nagel, Edvardsen, Arne og Eriksen, Anders Grimsrud (2021). «Salget av Bergen Engines». *Bergens Tidende, Skup-konferansen*, skup.no, 21–23. april

Flydal, Eiliv Frich (2021). «Tangen fikk 335 millioner i skattesmell». *E24*, 11. juni

Folkerettssambandet (2023). «Om de folkerettsstridige israelske bosettinger». *FN.no*

Forskning.no (2022). «Sier ja til karbonskatt med rettferdig fordeling.» Forskning.no, 6. mars

Fusssi, Alessandra (2008). «The Desire for Recognition in Plato's Symposium». *Arethusa*, vol. 41 r 2

Følsvik, Peggy Hansen (2023). «Skatteflyktningene svikter den samme velferdsstaten som har gjort dem rike, og overlater regningen til vanlige folk». *E24*, 14. januar

Galtung, Johan (1990). «60 Speeches on War and Peace». Oslo: International Peace Research Institute (*PRIO*)

Galtung, Johan (2000). «Conflict Transformation by Peaceful Means (The Transcend Method)» – Participants' Manual, Trainers' Manual. [Online]. United Nations Disaster Management Training Programme. URL: http://www.crid.or.cr/digitalizacion/pdf/eng/doc13925/doc13925.htm

Geertz, Clifford (1973). *The Interpretation of Cultures*. New York: Basic Books

Gjesdal, Frøystein og Hansen Terje Rein (2017). «Merkverdigheter i Transocean-saken». NHH-professorer om Transocean-saken. *Dagens Næringsliv*, 21. juni

Gjerstad, Gard og Oterholm, Tore (2020). «Norwegian newspaper DN reveals: Diplomat Terje Rød-Larsen owed Jeffrey Epstein $130,000». *DN.no*, 14. oktober

Gjerstad, Gard og Oterholm, Tore (2020) *«Leon Black did like his adviser Jeffrey Epstein – gave anonymously to UN-affiliated think tank». DN.no*, 22.oktober.

Gillies, Alexandra (2020). *Crude Intentions: How Oil Corruption Contaminates the World*. Oxford: Oxford University Press

Gitmark, Hannah (2020). *Det Norske Hjem*. Oslo: Res Publica

Globalinvestigationreview.com (2016). «The Collapse of Norway's Largest Tax Evasion Case» Investigator's Guide to Norway. *Global Investigations Review*

Goodreads.com. Quote by Ernest Hemingway: «All things truly wicked start from innocence. S...»

Grasaas-Stavenes, Eirik og Shahibzadeh, Roya (2022). «*Feirer seier i infokrigen». Klassekampen*, 17. februar

Guldbrandsen, Thomas (2016). «En offentlig korsfestelse av Økokrim-topp». Nettavisen.no, 7. januar

Gullestad, Marianne (1989). «På leting etter den norske samtidskulturen: en vitenskapsteoretisk diskusjon av begrepene 'fred' og 'ro' som sentral kulturell kategori». *Kultur og hverdagsliv: på sporet av det moderne Norge*. Oslo: Det Blå Bibliotek

Hamsun, Knut (1992). *Mysterier*. Gyldendal Norsk Forlag

Haugan, Bjørn, Flydal, Eiliv Frich, Røsvik, Eirik, Johnsen, Alf Bjarne og Vågenes, Hallgeir (2020). «Stortingets Tangen-krav: – Ren mistillit til Øystein Olsen». VG, 21. august

Haugseth, Peter (2022). «Ukraina-krigen rammer den norsk-russiske grensen sterkt» *nordnorskdebatt.n*o, 13.april

Harpviken, Kristian Berg og Strand, Arne (2022). «Den smertefulle dialogen med Taliban». *Aftenposten.no*, 16. august

Helgaker, Erik (2019). «Sørlending tjente 1,3 milliarder kroner i fjor» *DN.no*, 13.august

Helle, Birk Tjeldflaat og Klevstand, Agnete (2022).» Økonomiprofessor Steinar Strøm tror ikke på massiv skatteflukt fra Norge: – For det er landet altfor bra å bo i». *DN.no*, 13. september

Hellestveit, Cecilie (2022). *Dårlig nytt fra Østfronten. Krigen som endrer alt*. Oslo: Spartakus

Henmo, Jonas (2022). «Utvikle, aldri avvikle.». *Klassekampen*, 7. mai

Herbjørnsrud, Dag (2017). «Nei, norske medier er ikke venstrevridde». Senter for global og komparativ idéhistorie *sgoki.org*

Herling-Grudziński, Gustaw (1951). *Inny świat*. Utgitt på engelsk som A World Apart, Penguin, 1996

Hessen, Dag (2022). *Liv*. Oslo: Cappelen Damm

Holen, Hanne Skaarberg (2016). «Transocean-saken: Sentrale problemstillinger.» *Skatt* nr. 3

Holmberg, Søren og Rothstein, Bo (2020). «Social Trust: the Nordic Gold?» 2020_1_Holmberg_Rothstein.pdf (gu.se)

Holter, Mikael (2022). «'Olje er den nye oljen': Nå føler Norges største industri seg som helter igjen.». *DN.no* 10. mai

Howarth, Robert W. og Jacobson, Mark Z. (2021). «How green is blue hydrogen?» wiley.com

Høgseth, Martin Hagh, Hovland, Kjetil Malkenes og Hopland, Sindre (2020). «Her har Tangens suksessfond satt pengene». *E24*, 24. april

Ibsen, Henrik (1974). *En Folkefiende*. Oslo: Gyldendal Norsk Forlag

IKFF (2018). «Fredsblomstring i Hardanger?» Internasjonal kvinneliga for fred og frihet, IKFF, 13. august

Industriminne.no (2021). «Stortingsvedtaket bak statsoljeselskapet»

Industriminne.no (2022). Vingeklippingen av Statoil

LITTERATUR

Industrialinvestor.com (2020). Why Did a Hedge Fund Manager Worth $700 Million Take a $630,000-a-Year Job Managing an Oil Fund? | Institutional Investor

Internationaltaxreview.com (2011). Transocean caught up in Norway's biggest ever tax scandal. *International Tax Review*, 30. juni

Ipinst.org (2017). «Intervju med Terje Rød Larsen på OSLO Play». *International Peace Institute*, 29. mars

Iversen, Roger (2010). «Lille Murmansk» – det russiske Kirkenes, masteroppgave i Sosialt arbeid Emne: SA349S. Iversen (1).pdf

Jagiellonia.org (2018). https://jagiellonia.org/putin-szykuje-sie-do-wojny-swiatowej-po-ukrainie-rosja-zaatakuje-polske-rada-bezpieczenstwa-narodowego-i-obrony-ukrainy

Jagland, T. (2020). *Du skal eie det selv: memoarer fra et politisk liv.* Cappelen Damm

Jenkins, Simon (2022). «Even Johnson's own fraud minister couldn't bear the stink of this government». *The Guardian*, 28. januar

Jensen, Thor Chr. (2023). «Når Tangen advarer om «meget, meget lav» avkastning bør man lytte». *DN.no*, 20. januar

Jensehaugen, Jørgen (2022). *En kort Introduksjon til Israel-Palestina konflikten*, Oslo: Cappelen Damm Akademisk

Johansen, Raymond (2022). «Kjære milliardærer. Jeg synes det er trist at dere drar». *Aftenposten.no*, 17. september

Johnsen, Lars (2022). «Sportsvasking på norsk». *Josimar*, 10. mars

Kagge, Erling (2019). *Walking. One Step at a Time.* Penguin Books

Karlsen, Morten Ø. (2022). «Støre: - Det vil komme kraftfulle reaksjoner». Nettavisen.no, 24. januar

Kibar, Osman og Finstad, Øyvind (2023). «Sikkerhetsstopp om investeringer fra utlandet: – Ekstra bevissthet og årvåkenhet er nødvendig». *DN.no*, 13. februar

Khadem, Nassim (2018). «Australia is a safe haven for illicit funds, but Switzerland the world's worst.» *The Sydney Morning Herald*, 31 januar

Klassekampen (2022). https://klassekampen.no/utgave/2022-10-27/leder, 27. oktober

Klein, Naomi (2008). *Sjokkdoktrinen: Katastrofekapitalismens fremmarsj.* Oslo: Oktober Forlag

Kołakowski, Leszek (1976). *The Main Currents of Marxism*. Norton and Company
Kołakowski, Leszek (1990). *Modernity on Endless Trial*. The University of Chicago Press
Kristiansen, Arnhild Aass (2022). «Solberg med Russland-erkjennelse: Var for opptatt av å «komme oss videre» *Aftenposten.no*, 22. april
Kristjánsson, Mímir (2011). *De superrike*. Oslo: Manifest forlag
Kw.com «How to Win Friends and Influence People»
Langved, Åshild (2022). «Forsvarsministeren er frustrert over eget byråkrati: – Vi får ikke nok ut av pengene». *Aftenposten.no*, 10. november
Lilla, Mark (2003). *The Reckless Mind: Intellectuals and Politics*. New York: Random House
Littlelaw.co https://www.littlelaw.co.uk/2020/07/23/not-just-one-bad-apple-tax-avoidance-in-europe/
Łukianow, F. (2006). «Wieczno wczierasznije,» in Kommiersant, 1 August 2006; N. Spasskij, *Rossija w istorii i sowriemiennom mire* in WPK-wojenno-promiszliennij kurie, 5–11 April
MacHale, Das (1999). *Wit: the Last Laugh*. Cork: Mercier Press
Madsen, L. B., Ånestad, M. & Melgård, M. (2020). «De hemmelige Equinor-rapportene». *Dagens Næringsliv*, 6. mai
Mediapart (2021). https://www.mediapart.fr/journal/france/150121/les-millions-russes-de-nicolas-sarkozy?page_article=1
Mehdi, Anisa (2017). «The Fact and Fiction of the Oslo Accords». *forbes.com*, 6. April
Meland, Helge (2018). «Røkke vil bidra til å redde havet med superyacht». *tv2.no*, 19. november
Midttun, Atle (2022). *Governance and Business Models for Sustainable Capitalism*. New York: Routledge
Midttun, Atle (2022). «Oljefondet og den norske sjelen – og en livsløgn». *BI.no*, 1. mars
Midttun, Atle og Witoszek, Nina (2019). «The Competitive Advantage of Collaboration: Throwing New Light on the Nordic Model». *New Political Economy*, september

Midttun, Atle og Witoszek, Nina (2022). «Oljefondet og den norske sjelen», kronikk, DN, 24. februar

Milne, Richard (2020). «New Norway oil fund chief walks ethics tightrope». *Financial times*, 5. Oktober

Milne, Richard (2021). «From hedge fund to sovereign wealth: Norway's investment chief eyes active approach».| *Financial Time*s, 7. januar

Miłosz, Cz. (1968). *Native Realm*. Engelsk oversettelse. London: Macmillan, 2002

Nansen, Fridtjof (1916; 2020), *Friluftsliv. Blad av dagboka*. Oslo: Cappelen Damm

Nbim.no www.nbim.no/no.- oljefondets opp- og nedturer

Newsinenglish.com (2020). «New Oil Fund boss can also cook» | Norway's News in English — www.newsinenglish.no, 26. mars

Newsinenglish.com (2020). «Famed diplomat resigns in shame» - Norway's News in English — www.newsinenglish.no, 2. november

Newsweek (2016). «Waszczykowski w niemieckiej gazecie: nie chcemy świata złożonego z rowerzystów i wegetarian» | *Newsweek*, 4. januar

Niod.nl (2002). «Srebrenica. Reconstruction, background, consequences and analyses of the fall of a 'safe' area» - *NIOD*

Nissen, Ada og Waage, Hilde Henriksen (2021). «*Fredsmeglingens fallgruver*». *Dagens Næringsliv*, 7.mai

Nhri (2022). «Norges institusjon for menneskerettigheter. Sikkert for frihet. Fri for sikkerhet?» - Norges institusjon for menneskerettigheter (nhri.no)

Noreng, Øystein. «Hvor er pengene? Hos Equinor!» Working paper

Noreng, Øystein (2021). «Equinors satsing og tap i USA viser at selskapet har for mange penger og for stor handlefrihet». *Tu.no*, 1. februar

Norman, Kajsa (2018). *Sweden's Dark Soul. The Unravelling of a Utopia*. London: Hirst Publishers

NOU (2019). NOU 2019: 15. «Skatterådgiveres opplysningsplikt og taushetsplikt — Forslag til opplysningsplikt om skattearrangement.» Regjeringen.no

Nouvelobs.com (2022). «L'Ukraine relativise le risque d'une invasion russe après l'avertissement américain» (nouvelobs.com)

NRK (2016). «Staten må betale over 40 millioner i Transocean-sak» – *NRK Norge* – Oversikt over nyheter fra ulike deler av landet

NRK (2017). «Økokrim slaktes for Transocean-etterforskning» – *NRK Norge* – Oversikt over nyheter fra ulike deler av landet

NRK (2018). «Slik havnet Telenor i klisteret i Usbekistan» – *NRK Norge* – Oversikt over nyheter fra ulike deler av landet

NRK (2020). «Norges Bank har ikke sett Tangens fullstendige klientlister: – Har tillit til hans etiske standard.» *NRK.no*, 20. april

NRK (2020). Oljefondssjefen med bånd til skatteparadis – Forventer redegjørelse.» *NRK.no*, 27. mars

NRK (2020). Hvis alle kommuner hadde gjort som Bø i Vesterålen ville skatteinntektene sunket med ni milliarder – *NRK Nordland*, 14. september

NRK «Vannverksskandalen på Romerike» – Alle artikler – *NRK*

NRK (2022). «Fått 72 oljemilliarder, aldri betalt skatt.» *NRK.no*, 30. mai

NRK (2022). «Bø og ordfører Sture Pedersen med nye planer for å senke skatten» – *NRK Nordland*

NRK (2022). «Samferdselsministeren: Det blir ikke droneforbud i Norge» *NRK Rogaland*, 7. november

NRK (2022). «Finner vi en middelvei til Kina?» – Ytring, *nrk.no*, 29. desember

NRK (2023). NRK, Dagsnytt 18, 24. januar

NRK (2023). «Regjeringen vil åpne for mer oljeleting: – Fullstendig galskap.» NRK.no, 24. januar

NRK Vestland (2022). Hemmelege norske sjøkart er i russiske hender» Hemmelege norske sjøkart er på russiske hender – NRK Vestland, 31. desember

NTB (2018). Skatteetatens evaluering av Transocean-saken | Skatteetaten (ntb.no)

NTB (2001). «Nytt fredsakademi håper på statsfinansiering i høst». *Aftenbladet.no*, 3 oktober

NTB (2017). «Erna Solberg vil ikke om snakke om menneskerettigheter i Kina: – Økonomiske interesser har fått prioritet». 3. april

NTB (2017). «Økokrim får kraftig kritikk for håndteringen av Transocean-saken» *Aftenposten.no*, 13. juni

NTB (2020). «Rapport: Økt formuesskatt skaper flere arbeidsplasser». *VG*, 5. oktober
Nussbaum, Martha (2012). *Pathologies of Altruism*. Oxford: Oxford University Press
NTB (2022). «Oljefondssjefen ut mot lønnsspiral i næringslivet». *E24*, 13. mai
NTB (2022). «Olje- og energiministeren: – Ingen indikasjoner på at det kan komme angrep mot norsk sokkel». *E24*, 27. September
NTB (2022). «Mann mistenkt for å være russisk spion er pågrepet i Tromsø» - *Tu.no*, 25. oktober
OECD (2015). «Action 2: Neutralising the effects of hybrid mismatch arrangement, 5. oktober
OECD (2020). «Trust in government.»
OECD (2021). OECD, «International collaboration to end tax avoidance» i Base erosion and profit shifting - OECD BEPS
OECD (2021). «Members of the OECD/G20 Inclusive Framework on BEPS joining the Statement on a Two–Pillar Solution to Address the Tax Challenges Arising from the Digitalisation of the Economy as of 31 August 2021.», OECD
Ogre, Mathias og Tangen, Erik (2022). «John Carew dømt til fengsel i ett år og to måneder». *E24*, 16. november
Opendemocracy.net (2022). « Norway's oil deals helped enable Putin's invasion of Ukraine» | openDemocracy, 5 december
Oterholm, Gard og Gjerstad, Tore (2019). «Her fikk Terje Rød-Larsen og Mona Juul kjøpe en leilighet av skipsreder Morits Skaugen flere millioner under markedspris» *DN.no*, 18. desember
Oterholm, Gard og Gjestad Tore (2020). «Ingen norske diplomater har en historie som Mona Juul og Terje Rød-Larsen». *Spesialvisning av teaterstykket som hyller Terje Rød-Larsen og Mona Juul ble finansiert av Jeffrey Epstein. DN.no*, 26. november
Oterholm, Gard, Madsen, Lars Backe, Melgård, Marie og Ånestad, Morten (2022). «Riksrevisjonen fant nesten ingenting om risiko i regjeringens Equinor-notater». *DN.no*, 17. mars
Oslo Tingrett (2014). Dom, Transocean saken, 2. juli
Oslo (TV Movie 2021) - IMDb

Oslo Play International Peace Institute (ipinst.org)
Ourwordlindata.org. Trust - Our World in Data
Piketty, Thomas. (2017). *Capital in the 21st Century*. Harvard University Press
Plato (1980). Symposium. Edited by Kenneth Dover. Cambridge: Cambridge University Press
Politiet.no. Sammenlign Politiets innbyggerundersøkelse 2012; Politiets innbyggerundersøkelse 2015; Politiets innbyggerundersøkelse 2020
Politico.eu (2021). «How corrupt is French politics?» – POLITICO
Pomerantsev, Peter (2015). *Nothing is True and Everything is Possible*. New York: PublicAffairs
Popow, A. (2004). «Eto strasznoje słowo imperia», *Niezawisimaja gazieta*. 13. januar
Rafat, Mehraz (2013). *Ingen må få vite. En varsler forteller*. Oslo: Z-forlag AS
Regjeringen.no (2020). «Sluttrapport fra utredningsoppdrag om formuesskatt, norske bedrifter og eierskap.» *regjeringen.no*, 5. oktober
Regjeringen.no (2022). Rapport fra 22. juli-kommisjonen
Regjeringen.no (2022). https://www.regjeringen.no/no/tema/naringsliv/statlig-eierskap/selskaper---ny/id2604524/?expand=factbox2607470
Regjeringen.no (2022). Brosjyre UD russisk nytt opplag
Regjeringen.no (2023). Greco sin femte evalueringsrapport om Norge - *regjeringen.no*, 13. januar
Revregn.no (2020). https://www.revregn.no/asset/pdf/2020/06/2020-06-30.pdf
Rferl.org (2022). «Kremlin Says Macron Sat At Long Table With Putin After Refusal To Take COVID-19 Test» *rferl.org*, 11. februar
Riksadvokaten.no (2005). Transoceansaken. Dom av 4. februar
Riksadvokaten.no (2018). Transocean-saken: utvalgets rapport – Riksadvokaten, 2017/2018
Riksrevisjonen (2022). «Undersøkelse av Forsvarets informasjonssystemer til bruk i operasjoner». Riksrevisjonen Dokument 3:3 (2022–2023), 4. Oktober
Rogers, J. T (2016). 'Oslo' and the Drama in Diplomacy». *New York Times*, 19. juni

Rothenberg, David (1992). *Is it Painful to Think? Conversations with Arne Næss*. The University of Minnesota Press

Rothstein, Bo og Holmberg, Søren (2019). *Correlates of Corruption*. Se 2019_9_Holmberg_Rothstein.pdf (gu.se)

Ruggie, John (2007). «Business and human Rights: the Evolving International Agenda». *Journal of American International Law*, vol 101, no. 4

Ruud, Lise Camilla (2019). «Oil as Heritage. Toponymies and Temporalities on the Norwegian Continental Shelf.» *Ethnologia Scandinavica*, vol. 49

Rydje, Ola Magnussen og Holter, Mikael (2023). «Regjeringen vil utvide områdene for oljeleting i nord.». *DN.no*, 24. januar

Rydje, Ola Magnussen og Madsen, Lars Backe (2023). «Et smutthull gjør det lovlig og lett for utenlandske aktører å gi pengegaver til norske partier». *DN.no*, 12. desember

Rystad, Jarand (2020). «Perspektivløs kritikk av Equinors USA-virksomhet.» *Dagens Næringsliv*, 2. november

Saez, Emmanuel og Zucman, Gabriel (2020). *The Triumph of Injustice*. Berkeley UP;

Sahl, Ingvild (2010). «Samler næringslivet til kamp mot rettighetsbrudd». *panoramanyheter.no*, 19. august

Saue, Ole Alexander (2020). «Jan Tore Sanner om Tangen-ansettelsen: – Naturlig å se på om det er læringspunkter». *E24*, 13. august

Scarry, Elaine (2001). *On Beauty and Being Just*. Princeton University Press

Scruton, Roger (1985). *Thinkers on the Left*. London: Longman

Schjelderup, Guttorm (2012). Utredning, *Økokrim*, 6. februar

Sejersted, Francis (2003). *Norsk idyll*. Oslo: Pax

Sejersted, Francis (2005). *Sosialdemokratiets tidsalder*. Oslo: Pax

Sivesind, Karl Henrik (2017). «Norsk frivillighet – utviklingstrender og samfunnseffekter» - Senter for forskning på sivilsamfunn og frivillig sektor, *samfunnsforskning.no*

Sjursen, Åsmund Vereide (2003). «Ta fra dem all ære, hovedoppgave i medievitenskap». Universitetet i Bergen

Shalamov, Varlam (2018). *Kolyma Stories* (1970; 2018), New York: New York Review Books
Sharman, J.C. (2010). «Shopping for Anonymous Shell Companies: An Audit Study of Anonymity and Crime in the International Financial System,» *Journal of Economic Perspectives* 24(4)
Skagen, Kaj (2018). *Norge vårt Norge*. Oslo: Dreyer
Skirbekk, Helge og Grimen, Harald (red.)(2012). *Tillit i Norge*. Oslo: Res Publica
Skjeggestad, Helene og Ekroll, Henning Carr (2022). «Sikkerhetsforsker: – Vi har vært blåøyde». *Aftenposten.no*, 2. oktober
Skodvin, Magne (1991). *Norsk historie 1939–1945: krig og okkupasjon*. Oslo: Det Norske Samlaget
Slagstad, Rune (1998). *De nasjonale strateger*. Oslo: Pax
Snl.no. Barentssamarbeidet – Store norske leksikon (snl.no)
Snyder, Timothy (2019). *The Road to Unfreedom*. Crown
Solheim, Erik (2022). «Det er EU og ikke Nato som avgjør Norges fremtid», kronikk. *DN.no*, 15 .mars
SSB (2022). https://www.ssb.no/virksomheter-foretak-og-regnskap/skatt-for-naeringsvirksomhet/artikler/okt-bruk-av-skatteparadis
SSRN (2020). «Inconvenient Fact: Private Equity Returns & The Billionaire Factory» by Ludovic Phalippou: SSRN
Stavrum, Gunnar (2016). «Transocean truer hele Økokrim». *Nettavisen.no*, 14. januar
Stenerud, David (2021). «Dette kan ikke Jan Tore Sanner slippe unna med» | *ABC Nyheter*, 29. september
Steiro, Øystein (2020). «Vår private, norske utenrikstjeneste». *Nettavisen.no*, 17. desember
Stern, Fritz (1965). *The Politics of Cultural Despair: A Study in the Rise of Germanic Ideology*. California: Doubleday
Stordalen, Mette (2001). «Terje Rød-Larsen: fra helt til skurk». Masteroppgave i statsvitenskap, Universitetet i Oslo
Stordalen, Petter (2022). *Apollo-metoden*. Oslo: Bonnier Norsk Forlag
Storsveen, Odd Arvid (1997). «Norsk patriotisme før 1814», *KULT*s skriftserie nr. 88, 1997
Stortinget.no (2021). Referat fra møte eller høring (stortinget.no)

Sunnanå, Lars Magne (2012). «Stoltenberg ønsker russerne velkommen». *Aftenposten.no*, 5. mai
Switch Energy Alliance «Helge Lund – The Switch Interview.»(switchon.org)
Tankesmien Agenda (2018). «Globale fellesinteresser og norsk fredsengasjement» –juni, sist oppdatert 30. august 2022
Taraldsen, Lars Erik (2021). «Tangen shakes up oil fund hiring: 'It is how we shape the future'» (amwatch.dk) Bloomberg, 10. mai
The Guardian (2016). «BG chief paid £5.5m for 12-month stint at firm.», 10. juli
The New York Times (2022). Opinion | «Timothy Snyder on the Myths That Blinded the West to Putin's Plans». *The New York Times* (nytimes.com)
Thomassen, Eivind (2022). *Middel og mål. Statoil og Equinor 1972–2001.* Universitetsforlaget
Toje, Asle (2020). «Vi trenger ikke heltene», kronikk. *DN.no*, 21. november
Toje, Asle (2022). «Kan vi få se filmen denne gangen?», kronikk. *DN.no*, 19. februar
Toje, Asle (2022). «Hvorfor jeg tok feil om Ukraina», kronikk. *DN.no*, 12. mars
Transparency.org (2021). 2021 Corruption Perceptions Index - Explore the… - Transparency.org
Transparency International website 6 januar, 2023
Trägårdh, Lars (2013). «The Historical Incubators of Trust in Sweden: From the Rule of Blood to the Rule of Law,» i M. Reuter, F. Wijkström and B. K. Uggla (reds), *Trust and organizations: Confidence across borders*. New York: Palgrave Macmillan
Tuchman, Barbara (1984). *The March of Folly: From Troy to Vietnam.* New York: Knopf
Tvedt, Terje (2016). *Norske tenkemåter. Tekster 2002–2016*. Oslo: Aschehoug & Co
Tvedt, Terje (2017). *Det internasjonale gjennombruddet*. Oslo: Dreyer
UIO.no (2022). «Standing up to autocracy - Centre for Development and the Environment» (uio.no)

UNRWA (2022). «Antall registerte palestinere i flyktningeleire på vestbredden i 2022». Palestinian Citizens of Israel | IMEU
US Senate (2013). «Offshore Profit Shifting and the U.S. Tax Code - Part 2 (Apple, Inc.)». Høring, US Senate's Permanent subcommittee on Investigations, 20. mai
Vermes, Thomas (2016). «Henrik Syse går god for registrering på Cayman Islands: Etikkekspert Henrik Syse er styremedlem i fire selskaper i skatteparadis» | *ABC Nyheter*, 18. mai
Voice of America (2022). «Norway Defends Hosting Talks with Afghan Taliban» *voanews.com*, 25. januar
VG.no. «22. juli-profilene. Jens Stoltenberg. Tok ordene fra 22. juli med til NATO-jobben.» https://www.vg.no/spesial/at/publish/generic-22-juli-profilene/story/jens-stoltenberg/9/
VG.no (2013). «Forsker: – Mæland måtte gå fordi han valgte feil side.» https://www.vg.no/nyheter/innenriks/i/OvvWE/forsker-maeland-maatte-gaa-fordi-han-valgte-feil-side, 26. mai
Vogel, Martin (2006). *The Market for Virtue: The Potential and Limits of Corporate Social Responsibility* Brookings Institution Press
volunteerfdip.org (2023). «Countries with Highest Numbers of Volunteers: USA, Canada, Australia, UK, France, and Many More». (volunteerfdip.org)
Vox Publica (2012). «Vårt svar er mer demokrati, mer åpenhet og mer humanitet. Men aldri naivitet.» https://voxpublica.no/2011/07/vart-svar-er-mer-demokrati-mer-apenhet-og-mer-humanitet-men-aldri-naivitet/
Wayne, Leslie et al. (2014). «Leaked Documents Expose Global Companies' Secret Tax Deals in Luxembourg.» *International Consortium of Investigative Journalists*, 5. november
Wayne, Leslie and Carr, Kelly (2014). «'Lux Leaks' Revelations Bring Swift Response Around World.» *International Consortium of Investigative Journalists*, 7. november
Waage, Hilde Henriksen (2008). «Et norsk mysterium. De forsvunnede dokumentene fra fredsprosessen i Midtøsten *Historisk tidsskrift*, bind 87
Waage, Hilde Henriksen (2004). «Peacemaking is a Risky Business: Norway's role in the Peace Process in the Middle East 1993–1996». *PRIO*. Oslo
Waage, Hilde Henriksen (2023). «Fredens Mester? The «true story» om Norge og freden i Midtøsten», *Fortid*, under publisering

Waage, Hilde Henriksen (2000). «Norwegians, who needs Norwegians? Explaining the Oslo Back Channel: Norway's Political Past in the Middle East». *Evaluation Report* 9/2000

Waage, Hilde Henriksen og Nissen, Ada (2015). «Weak Third Parties and Ripening: Revisiting Norwegian Interventions in Guatemala and the Israeli-Palestinian Conflict» *International Negotiations* 20:3

Wilson, John D. (1986). «A theory of interregional tax competition,» *Journal of Urban Economics*

Winther-Sørensen, Niels (2003). «Tax competition in Europe,» National report, Denmark, National Report Denmark — *CBS Research Portal*

Worldpopulationreview.com (2023). Trust in Government by Country 2023 (worldpopulationreview.com); Happiest Countries in the World 2023 (worldpopulationreview.com)

Wikipedia Citizenship and Entry into Israel Law - Wikipedia

Willis Bund, J. W., M.A. LL.B and J. Hain Friswell (1898). *Reflections: Or Sentences And Moral Maxims By Francois Duc De La Rochefoucauld, Prince De Marsillac*, Translated From The Editions Of 1678 and 1827 With Introduction, Notes, And Some Account Of The Author And His Times Simpson Low, Marston & Company, Ltd., 1898, 218

Willoch, Kåre (2005). «Oljerikdommen og tiden efter». *virksommeord*.no, 2. juni

Witoszek, Nina (1998). *Norske naturmytologier*. Oslo: Pax

Witoszek, Nina (2011). *The Origins of the Norwegian Regime of Goodness: Remapping of the Norwegian Cultural History*. Oslo: Universitetsforlaget

Witoszek, Nina og Sørensen, Øystein (2019). «Nordic Humanism as a Driver of the Welfare Society», i Witoszek, Nina and Atle Midttun, *Sustainable Modernity*. New York Routledge

Wyborcza (2004). Na czym polega rosyjski imperializm? (kurierhistoryczny.pl); Zaangażowanie Rosji w antypolskie wystąpienia na Ukrainie – Wprost; Rosja musi istnieć jako imperium. Tylko tak ochroni świat przed 'zachodnim Antychrystem' (wyborcza.pl) 13. januar

Wyborcza (2020). Europejskie media o atakach Putina na Polskę. 'Nieprzyzwoita próba obarczenia winą' (wyborcza.pl), Gazeta wyborcza 2019

Yahoo.com (2022). «Russia's Rosneft paid just $1 for a Norwegian oil major's main assets when the Ukraine war forced it to exit the country: report» (yahoo.com), 14. september

Yergin, Daniel (2012). *The Quest: Energy, Security and Remaking of the Modern* World. Penguin

Yergin, Daniel (2021). «Why the Energy Transition Will Be So Complicated». *The Atlantic*, november

YouTube (2014). «A Conversation with Helge Lund, President and CEO, Statoil.» Center for Strategic & International Studies. *YouTube*, 6. mai

YouTube (2010). «Helge Lund, CEO Statoil». Institut Européen d'Administration des Affaires. 16. juli

YouTube (2021). «Why Every Norwegian is a Millionaire» | Nicolai Tangen | TEDxArendal - YouTube. Ted.com

YouTube (2012). Ylvis - Jan Egeland [Official music video HD] - YouTube

Zodrow, George R. og Mieszkowski, Peter (1986). «Pigou, Tiebout, property taxation, and the underprovision of local public goods». *Journal of Urban Economics* 19

Zucman, G. (2015). *The Hidden Wealth of Nations*. Chicago UP

Zucman, Gabriel (2017). *Skjult rikdom: Hvordan de superrike skjuler sin rikdom i skatteparadiser*. Forlag Manifest 2017

Ørjasæter, Elin (2022). «Han tok smertelig feil om krigen. Men det er ikke det han bør kritiseres for». *Nettavisen*, 2. mars

Øvrebekk, Hilde (2020). «Equinors tvilsomme pengebruk». *E24*, 17. september

Ånestad, Morten, Madsen, Lars Backe og Melgård, Marie (2020). «Tidligere Equinor-sjef Helge Lund snakker ut om USA-tapene: – Jeg skulle vært hardere i klypa.». *DN.no*, 25. juni

Ånestad, Morten, Bakken, Jonas Blich og Feratovic, Leila (2022). «Batteri- og vindkraftinvestor mer enn tidoblet formuen i fjor – nå har han meldt flytting til Sveits». *DN.no*, 18. oktober

Ånestad, Morten og Madsen, Lars Backe (2022). «Tidligere juridisk direktør Hans Henrik Klouman i Equinor: Klager inn advokat som gransket ham». *DN.no*, 30. november

Stikkord

A
Abu Dhabi 199
Adecco-skandalen 31
advokatfirmaet Thommessen 98
Afghanistan 20, 141, 189
Afrika 18, 154, 186
Aftenposten 13
Agenda, tankesmie 147
Agnew, Theodore 53
aidsepidemien 154
Aker Brygge 197
Akhundzada, Hibatullah 140
AKO Capital 45
AKO-fondet 47, 48
al-Gaddafi, Muammar 19
Alijev, Ilham 86
Al-Kasim, Farouk 70
Allen, Woody 60
al-Qaida 73
Amazon 35, 60, 111, 122
Amerika 43, 72
Angola 81, 86
Animal Farm 29
Apple 60, 61, 62, 121, 122
Arafat, Yasser 134
Arbeiderpartiet 33, 176

Arendal 55, 62
Arendt, Hannah 177
Arktis 168, 179
Arnault, Bernard 19
Aserbajdsjan 20, 79, 81, 86
Asia 18
Askeladd 71
Attenborough, David 200
Auden, W.H. 147
Aas, Kjartan 113
Aasland, Terje 90, 92, 171

B
Bakan, Joel 116
Balder 71
Baltikum 168
Barańczak, Stanisław 165
Barcode-kvartalet 197
Barentssamarbeidet 176
Batory, Stefan 167
BBC 59, 62
Belarus 10
Bellona 74
Benda, Julien 179
BEPS-prosjektet 119
Bergen Engines 173

Bhutan 56
Biden, Joe 120
Bjørneboe, Jens 21
Bjørnson, Bjørnstjerne 23, 144
Bjørvika 197
Blackstone-gruppen 47
Bolloré, Vincent 19
Bolsonaro, Jair 132
Bomann-Larsen, Tor 148
Borchgrevink, Aage 174
Bouygues, Martin 19
BP 67, 83
Branson, Richard 147
Brasil 79, 81, 186, 190
Brask, Einar 98
Bratteli, Trygve 69
Bregman, Rutger 200
Breivik, Anders Behring 13
brexit 143, 169
Broadway 127
Brodtkorb, Julie 46
Brooks, David 153
Brundtland, Gro Harlem 139
Bru, Tina 81, 86
Bullough, Oliver 110, 123
bullshit management 12
Busoni, Ferruccio 155
Bø i Vesterålen 112

C
Cagé, Julia 199
Canada 81
Canica 199
Capone, Al 194
Carnegie, Dale 57
Cassam, Quassim 32, 65, 191
Castberg, Johan 23, 27
Caymanøyene 49, 59, 96, 194
CCCTB-direktivet 121

Chávez', Hugo 73
Chirac, Jacques 19
Chomsky, Noam 182
Churchill, Winston 159
Clinton, Bill 154
Cohen, Roger 189
Conrad, Joseph 164
CO_2-fangst 92
CO_2-utslipp 73, 82

D
Dagens Næringsliv 75, 91, 108, 197
Dale, Geir 150
Danmark 151, 193
d'Arc, Jeanne 122
Davos 63, 200
Deepwater Horizon 96
Delaware 112
Den engelske kanal 169
Den norske Helsingforskomité 174
Den store Gatsby 155
Den trilaterale kommisjon 155
Diamond, Larry 185
Diskos, database 175, 195
DNB 49, 112, 193
Don't Look Up 89
Dostoyevski in Manhattan 179
Douglas, Mary 16
Dovregubben 53
Dugin, Aleksandr 168
Dæhlie, Bjørn 41, 113

E
Edda 71
Edelmans tillitsbarometer 190
Egeland, Jan 139, 145
Eide, Espen Barth 86

Eide, Finn 100
Eilertsen, Finn 99
EITI (Extractive Industries Transparency Initative) 86
Elizabeth II 143
England 43, 48, 52
Entzensberger, Hans Magnus 10
Epstein, Jeffrey 127, 131, 154, 157, 194
Equinor 36, 49, 66, 67, 68, 73, 74, 75, 76, 77, 82, 84, 85, 88, 91, 93, 111, 174, 175, 191, 194, 195
Eriksen, Andreas Bjelland 92, 98
Eriksen, Anne 71
Eriksen, Morten 99, 100, 106, 114, 116
Ernst & Young 98
Ett belte, én vei-initiativ 186
EU 63, 119, 122, 186
Europa 68, 90, 92, 102, 143, 155, 162, 169, 170, 174, 187, 196
Europarådet 13
Europas forfall 179
Evensen, Jens 69
Extinction Rebellion 70
Exxon 60, 67
EØS 171

F

Facebook 35, 111, 193
FAFO 134
Faust 155
Fideco 129, 195
Fillon, François 19
Finland 151, 168, 169, 176
Fleischer, Carl August 70
FN 63, 145
FNs visegeneralsekretær 130

Forsvarets forskningsinstitutt (FFI) 171, 181
Forsvarets høgskole 141, 172, 181
fracking 75
Franco, Fransisco 179
Frankrike 17, 39, 112, 161, 169
Fredriksen, John 41
Fremskrittspartiet 199
Fukuyama, Francis 10

G

G7- og G20-landene 120
Galtung, Johan 148, 149
Gates, Bill 154
Gazastripen 134
Gazprom 199
Geertz, Clifford 144
Gekko, Gordon 64
Geopolitikkens fundament 168
Georgia 184
Gerhardsen, Einar 23
Gillies, Alexandra 87
Gitmark, Hanna 197
Gjelsvik, Sigbjørn 171
Gjesdal, Frøystein 108
Gjørv-kommisjonen 13
Glahn 126
GlobalConnect 199
Glucksmann, André 179
Gogol, Nikolaj 198
Gombrowicz, Witold 125
Google 35, 60, 61, 111, 121, 122, 193
Gram, Bjørn Arild 172
GRECO 13
Gronwaldt, Robert 75
Guatemala 150
GULag 164
Gylver, Gina 92

H

Hagen, Stein Erik 199
Hakkebakkeskogen 31
Hamsun, Knut 125, 157
Hansen, Terje Rein 108
Hardanger 147
HARDtalk 59
Harvard 155
Hauge, Hans Nielsen 23
Haughey, Charles 125
HBO 127
Heier, Tormod 180
Hellas 191
Hellestveit, Cecilie 182
hellig krig 168
Helsedirektoratet 16
Hemingway, Ernest 193
Herbjørnsrud, Dag 181
Herling-Grudzińskis, Gustaw 164
Heyerdahl, Thor 144
Hitler, Adolf 166, 179
Holen, Hanne Skaarberg 104
Holmboe, Morten 100
Holst, Johan Jørgen 139
Honningsvåg 129
Houston 75, 81
Houston-skandalen 79
How to Win Friends and Influence People 57
humanitært-politisk kompleks 21
Hurdalsplattformen 33
hydraulisk oppsprekking 75
Høyre 199
Haakonsvern 172

I

Ibsen, Henrik 21, 53, 106

India 186
Indonesia 186
Ingen må få vite: En varsler forteller 30
International Peace Institute (IPI) 127, 128
Irak 73
Iran 20
Irland 112
Israel 126, 130, 135, 150
Italia 11, 169, 190

J

Jagiellonia 167
Jagland, Thorbjørn 136, 139
janteloven 25, 29, 51, 135, 153
Japan 155
Jarlsberg, Herman Wedel 23, 27
Jersey 53, 59
Jerusalem 134
Johannesen, Georg 21
Johansen, Raymond 39
Johnson, Boris 53, 125, 132, 190
Joly, Eva 46
Juul, Mona 130, 137, 157

K

Kairo 134
Kapitol-gås 201
Kardemomme by 23
Karimova, Gulnara 87
Karlsen, Geir Hågen 172
Karmøy 199
Kaski, Kari Elisabeth 46
Kassandra 88
Katarina den store 163
katastrofekapitalisme 68
Khrusjtsjov, Nikita 167
Kina 173, 186, 187, 196, 201

Kirkenes 176
Kissinger, Henry 139
Klassekampen 91, 181, 182
Klausen, Klaus 98
Klein, Naomi 68
klimakatastrofe 73
Klouman, Hans Henrik 88
Klouman-saken 88
Koch, Sverre 97, 98, 122
Kołakowski, Leszek 186, 187
konservativ realist-posisjon 180
konstruktiv tvetydighet 139, 140
korrupsjon 11
kosefjøsfaktoren 29, 88
Kreml 174
Kristelig Folkeparti 199
Kristiansand 52
Kristjánsson, Mimir 41
Kristoffersen, Eirik 172
Kvamme, Kristian 106, 107
Kypros 43

L

Lagardère, Arnaud 19
Langstrømpe, Pippi 26
Latin-Amerika 186
La trahison des clercs 179
Latvia 169
leterefusjonsordning 92
Libya 20
Lilla, Mark 180
Lille Murmansk 176
Lindh, Anna 26
LO 41
London 43, 49
London School of Economics 54
Londons Royal National Theatre 127
Lubjanka 164

Lugano 113
Luhmann, Niklas 10
Lukoil 174
Lund, Helge 67, 79, 80, 81, 82, 83, 92
Luxembourg 112
Luzern 113
Lykkeland 70
Løvebakken 12, 69

M

MacWorld 48
Madagaskar 144
Madrid 134
Massachusetts Institute of Technology (MIT) 131, 155
Mearsheimer, John 182
Medici, Cosimo de' 52
Medina 73
Mekka 73
Melkøya 74
meme 22
Merlin 32
Mexico 186
Mexicogolfen 76, 79, 81, 96
Midas-rike 94
Midttun, Atle 196
Midtøsten 130
miljøbanditt 72
Miljødirektoratet 74
Miłosz, Czesław 165
Monaco 199
Mongstad-raffineriet 74
Mongstad-skandalen 83
Monika-saken 31
Morgenthau, Hans 183
Moskva 160
Mubadala 199
Musk, Elon 147

Mussolini, Benito 179
Myanmar 96
Mysterier 125
Mæland, Monica 173
Mæland, Øystein 15

N
Nagel 125, 126
Nansen, Fridtjof 23, 126, 137, 148
Nato 161, 169, 176, 181, 182, 187
Nato-sjef 173
Nav 152
Nazi-Tyskland 176
Nettavisen 98
nevrolingvistisk programmering 22
New York 128
New Zealand 151
NHH 41, 108
Nichol, Tom 183
Nike 122
Nissen, Ada 156
Nobels fredspris 154
Nobels Fredssenter 146
nomenklatur 30
Nord-Afrika 79
Nord-Amerika 155
Nord-Dakota 74, 76
Nord-Europa 172
Nordmarka 148
Nord-Norge 129, 182
Nordsjøen 68, 69, 95
Noreng, Øystein 84
Norfund 30
Norge 11, 17, 20, 43, 50, 54, 62, 68, 87, 90, 93, 95, 135, 142, 143, 151, 153, 154, 163, 171, 172, 173, 174, 175, 176, 181, 187, 190, 194, 196, 198, 200

Norges Bank 46, 48
Norman, Kajsa 25
Norske tenkemåter 142
Norsk Hydro 96
Novorossiya 166
Nygård, Jon-Ivar 171
Næss, Arne 63, 144, 149, 192

O
Ocean Viking 71
Odin 71
OECD 50, 63, 118, 119
OECD-avtalen 120
offentlig tillit 133
Ole Brum-filosofi 83
oligopolmakt 61, 62
Oljedirektoratet 174
oljefondet 20, 36, 44, 49, 51, 57, 61, 62, 63, 64, 112, 191
Olje- og energidepartementet 81
Olsen, Øystein 44, 48, 50, 52
Om tillitsreformen 34
Om tyranni 176
Oslo 142
Oslo 127, 150
Osloavtalen 130, 137, 138
Oslo domkirke 14
Oslofjorden 131
Oslo tingrett 98
osloånden 135
overtillit 12, 16, 194, 195, 201
    norsk 12
overvåkingskapitalisme 62

P
Pakistan 154
Palestina 126, 135, 150
Palestine Liberation Organization (PLO) 134

Palme, Olof 26
Pan 126
Pandora Papers 189
partilovnemnda 199
Paxos 131
Peab (svensk-norsk entreprenørfirma) 109
Pedersen, Bård Glad 76
Peer Gynt 53, 58, 59, 63
Pegasus-prosjektet 189
Peloponneskrigen 31
Pengeland 49, 110, 111
Peres Center for Peace and Innovation 130
Petroleumstilsynet 74
Phalippou, Ludovic 47
Piketty, Thomas 119, 123
Pilatus, Pontius 84, 89
Platon 55
Polar Pioneer 95, 122
Polen 17, 39, 112
polsk riksdag 20
Pomerantsev, Peter 166
Potemkins kulisser 77
PRIO 146
PST 172
Putins imperium 167
Putins Russland 178, 195
Putin, Vladimir 40, 73, 87, 90, 132, 149, 159, 161, 162, 166, 167, 170, 173, 174, 179, 181, 182, 184, 185, 187, 195
Pygmalion-effekt 22

R
radikal ondskap 177, 178
Rafat, Mehraz 30
Ramberg, Lars Ø. 33
Rapport fra 22. juli-kommisjonen 13
Reiss-Andersen, Berit 47
Richard III 167
rikmannsklubb 63
Riksadvokaten 99, 100, 101
Riksrevisjonen 74, 77, 81, 88, 172
Rinde, Sissel 86
Rochefoucauld, François de La 22
Rogers, J.T. 127
Romania 169
Rosneft 174, 175, 195
Rudd, Kevin 128
Rui, Jon Petter 100
Russland 86, 143, 159, 161, 162, 163, 165, 166, 168, 173, 174, 176, 182, 186, 195, 196, 199, 201
russofobi 167
Rystad, Jarand 76
Rød-Larsen, Terje 36, 125, 127, 129, 130, 131, 132, 133, 134, 135, 136, 137, 138, 139, 141, 150, 152, 154, 155, 156, 157, 191, 194
Rødt 44
Røkke, Kjell Inge 40
Rådet for utenriksrelasjoner 155

S
Sackur, Stephen 59
sagaene 153
Salmer fra kjøkkenet 24
Sanner, Jan Tore 47, 48
Sarkozy, Nicolas 19
Sarpsborg 134
Saudi-Arabia 72
Scarry, Elaine 150
Schea, Trond Eirik 99
Schiøtz, Cato 88

Schjelderup, Guttorm 105, 106
Schweigaard, Anton Martin 27
Senterpartiet 33
Shakespeare, William 37, 167
Shalamov, Varlam 164
Shell 67
Shiva 73
Siemens 109
Siemens-skandalen 31
Sissener, Jan Petter 42
skandalens skole 20
Skandinavia 11
Skattedirektoratet 50
Skatteetaten 101
skatteparadis 36, 49, 59, 107, 123, 174
skatteunndragelse 49
 gigantisk 61
skatteunndragelsesutvalget 121
Skjult rikdom 49
Skurdal, Mari 181
Slettemoen, Tore Ivar 40
Slyngstad, Yngve 51, 52
Snyder, Timothy 169, 176, 183
Snøhvit 71
Solberg, Erna 173
Solberg-regjeringen 141
Solheim, Erik 142, 176, 181
Solveig 54
Solzjenitsyn, Aleksandr 164
Songa Endurance-hendelsen 74
Sovietskiy Soyuz 163
Sovjetunionen 159, 163, 178
Spacey, Kevin 154
Stalin, Josef 163, 166
Starbucks 111, 121, 122
Statistisk sentralbyrå 114
Statkraft 49, 112
Statoil 66, 68, 69, 81, 85

statsindividualisme 25
Stavanger 69
Stavanger Aftenblad 96
Stavanger tingrett 97
Stern, Fritz 179
Sting 43
Stoltenberg, Jens 14, 173, 174
Stoltenberg, Thorvald 139, 176
Storberget, Knut 15
Storbritannia 59, 69, 95
Stordalen, Petter 42
Stortinget 13, 146
Stortingets finanskomité 46
Støre, Jonas Gahr 33, 141, 159, 170
SV 44
Sveits 18, 43, 113, 199, 200
Sverdrup, Georg 27
Sverdrup, Johan 71
Sverige 11, 169, 176
Sverreslottet 131
Sveaas, Christen 42
Switch Energy Alliance 92
Symposium 54
Synge, John 125
Syse, Henrik 49
Sørenga 197

T

Taiwan 149
Taliban 141, 184
Tangen, Nicolai 43, 44, 46, 48, 49, 50, 51, 52, 53, 54, 55, 58, 59, 60, 62, 63, 64, 79, 193, 196
Taraldsrud, Liv Synnøve 100
Tax Justice Network 113
TED Talks 62
Telenor 49, 193
Texas 70, 76

The Betrayal of the Intellectuals 179
The Corporation 116
The March of Folly 31
The Price of Democracy 199
The Reckless Mind 180
The Russian Property Fund 48
Thesaurus Superbus 17
The seduction of Unreason 180
Thunberg, Greta 70
thymos 55, 152
tillit 10, 134, 150, 190, 191
   kraften i 138
   til politiet 15
tillitsamfunnet 39
tillitspatologi 78, 84, 89, 103, 133, 161, 174, 176, 191, 193, 201
   norsk 32
   suicidal 179
tillitsreform 33
tillitsrepublikk 29
tillitssamfunnet 9
Tocqueville, Alexis de 31
Toje, Asle 156, 159, 184
Tor 71
Transocean-saken 36, 95, 97, 98, 99, 100, 101, 102, 105, 107, 109, 110, 111, 114, 115, 116, 121, 191, 193, 194
Transparency International 197
traume 18
Troll 71
Truman-loven 198
Trump, Donald 78, 119, 190
Trägårdh, Lars 24
Tuchman, Barbara 31
tulpa 17
   tibetansk 17
tvangssterilisering 28

Tvedt, Terje 142, 196
tverrpolitisk inkompetanse 176
tvillingtårnene i New York 73
Tyrkia 186
Tyskland 159, 161
Tønne-saken 31

U

UD 130
Ukraina 73, 90, 149, 159, 160, 161, 162, 166, 168, 169, 174, 175, 179, 181, 183, 184, 195
Ungarn 169
Universitetet i Oxford 47
Universitetet i Tromsø 172
USA 39, 49, 79, 81, 82, 119, 161, 168, 174, 182, 183, 190, 191, 199
Utenriksdepartementet 130, 156
Utopia for Realists 200
Utøya 13

V

vannverksskandalen på Romerike 42
varsler 88
Vatikanet 89
Vegvesenet og Nye Veier 29
Venezuela 73
Venstre 199
Vest-Afrika 79
Vestager, Margrethe 63, 122
Vesten 169, 178, 180, 184, 185, 186
vestlig finansverktøy 174
Vestre, Jan Christian 85, 87
Vietnamkrigen 31
Vorkuta 164

W

Walesas, Lech 192
Wall Street 64
Warszawa 167
Washington 134
Waszczykowski, Witold 190
Wat, Alexander 164
Wergeland, Henrik 23, 144, 147
Wharton College 51
WikiLeaks 189
Wilhelmsen, Julie 159
Willoch, Kåre 77, 85
Willoch-regjeringen 85
Witoszek, Nina 196
Wolin, Richard 180
World Economic Forum 63, 200
World Population Review 18
Waage, Hilde Henriksen 130, 156

Y

Yergin, Daniel 72, 93
yin og yang 78
Ylvis 145
Yssen-saken 31

Z

Zapffe, Petter Wessel 162
Zelenskyj, Volodymyr 170
Zucman, Gabriel 119, 120, 123

Ø

Økern 33
Økernsenteret 33
Økland, Andreas 197
Økokrim 97, 98, 99, 101, 105, 116
Økokrim-skandalen 99
Ørjasæter, Elin 181
Østersjøen 170, 171